Original German language edition: Matthias Nöllke
Die Sprache der Macht
Wie man sie durchschaut. Wie man sie nutzt
3. Auflage 2019 (ISBN: 978-3-648-13040-7)
published by Haufe-Lexware GmbH & Co. KG Freiburg, Germany. Copyright © 2019.

KOREAN language edition © 2024 by DAVINCIHOUSE CO., LTD.
KOREAN translation rights arranged with Haufe-Lexware GmbH & Co. KG through EntersKorea Co., Ltd., Seoul, Korea.

이기는 언어

우아하게, 거침 없이 원하는 것을 얻는 대화의 기술

마티아스 뇔케 지음
장혜경 옮김

더페이지

프롤로그

권력을 지배하는 자, 이기는 언어를 터득하라!

언어는 비교할 수 없는 강력한 권력의 수단이다. 언어는 사람의 마음과 뇌를 움직이고 생각의 방향을, 상대의 의견을 바꾼다. 언어는 상대를 주눅 들게도 하고, 용기를 주기도 하며 유혹하기도 한다. 또 신뢰를 쌓고 동맹을 체결한다. 한마디로 언어는 우리의 사고와 행동을 결정한다. 따라서 타인의 마음을 움직이고 싶은 사람은 언어를 잘 활용할 줄 알아야 한다.

거꾸로 우리의 마음을 자기 마음대로 조종하고자 하는 사람에 대항하기 위해서도 언어는 매우 유용하다. 즉, 사람들을 리드하기 위해, 권력이 언어를 어떻게 이용하는지 알기 위해서도 언어의 속성을 잘 파악해야 한다는 뜻이다.

이 책에서 당신은 다양한 이기는 언어들을 배우게 될 것이다. 합법적인 언어도 있을 테고 정당하지 못한, 비열한 언어도 있을 것이다. 당연히 후자는 사용하지 말아야 한다. 하지만 혹시라도 누군가 그런 비열한 방법을 동원할 때 그에 대처하기 위한 방법도 소개한다. 그래야 상대의 속을 꿰뚫어 보고 방어를 할 수 있을 테니 말이다.

우리가 말하는 권력은 절대 부정적인 것이 아니다. 영향력을 행사하고 싶다면, 자신의 이익을 지키고 싶다면 최소한의 권력을 지녀야 한다. 권력이 없는 리더를 한 번 상상해 보라. 너무나도 처연한 모습이지 않은가. 리더가 아니라 해도 권력을 활용할 줄 알아야 한다. 이때 언어는 중요한 도구가 된다.

이기는 언어는 세 가지 기둥이 떠받치고 있다

첫째, 주도권이다. 이기는 언어는 다른 사람들에 맞서 자신의 주장을 지키고 다른 사람들을 주도할 수 있도록 도와준다.

둘째, 설득력이다. 이기는 언어를 통해 사람들의 마음과 머리를 내 것으로 만들고, 그들에게 확신과 방향을 제시할 수 있다.

셋째, 카리스마다. 이기는 언어는 자기 확신과 독립성을 선사한다.

이 세 가지 기둥에 각기 한 장씩을 할애할 것이다. 장마다 권력을 쌓고 활용하기 위한 다양한 전략, 때로는 서로 충돌하는 전략들을 소개할 것이다. 그리고 각 전략에 대해서는 그에 맞설 수 있는 대응 전략도 실었다. 당신이 전략을 활용하는 입장일 경우와, 상대가 전략을 활용하는 경우에 각기 적절하게 대처하기 위해서다.

성공의 비결은 결국 이기는 언어를 얼마나 잘 활용하느냐에 달려 있다. 그리고 이 세 기둥을 적절히 섞어 활용할 수 있을 때 가장 바람직한 결과가 나올 것이다.

주도권은 '파워 플레이'만 한다고 해서 장악할 수 있는 것이 아니다. 때로는 협력도 하고 양보도 하고 한발 물러서 입을 다물 필요도 있다. 또 상대가 권력 쟁취를 위해 이기는 언어를 적극 활용한다고 해서 무조건 걸고넘어지기만 해서는 안 된다. 상대를 인정해 주고 잠시 자리를 내주었다가 다음 기회를 노리는 것이 더 현명한 처사일 때가 있다.

자, 이제 이기는 언어에 대해 상세히 알아보기로 하자.

무엇보다 몰입의 독서가 될 정도로 즐거움이 전해졌으면 좋겠고, 이 책의 전략을 적극 활용하여 권력의 승자가 되기를 바란다.

뮌헨에서

마티아스 뇔케

차례

2장
사람의 마음을 얻어라

3장
카리스마로 장악하라

1장

권력의 선방은 '주도권'이다

많은 대화를 녹음하여 들어본 학자들이 아주 재미난 효과를 발견하였다. 500헤르츠를 넘는 주파수를 모두 걸러내면 저음의 목소리만 남는다. 사람마다 그 소리는 약간씩 차이가 난다. 그런데 대화가 진행되면 두 파트너의 톤은 순식간에 동일해진다. 이는 놀라운 일이 아니다. 두 사람 중에서 주도권을 쥔 쪽의 톤으로 상대가 따라가는 것이다.

두 사람이 만난 상황에서 누가 주도권을 잡을 것인지, 누가 복종할 것인지는 짧은 시간 안에 결정난다. 당사자들은 그 사실을 못 느낄 수도 있지만 언제나 그렇다.
한쪽이 결정하고, 다른 쪽이 그 결정을 따른다. 그런데 이때 아주 세세한 부분이 중요한 역할을 한다. 무엇보다도 서로 이야기를 나누는 방식이 핵심이다.

대화를 할 때 우리는 서로를 평가하고 지배의 신호와 복종의 신호를 방출하며, 결국 누가 주도권을 쥘 것인지 합의한다. 합의가 이루어지지 않는 동안에는 불안정하다.
이는 춤과 비슷하다. 두 사람이 서로 리드하려고 하면 박자가 맞지 않는다. 두 사람 다 서로 리드하지 않으려 해도 마찬가지다. 사실 리드 역할을 원치 않는 사람들도 많다. 낮은 지위도 나름의 장점이 있기 때문이다. 이는 차차 살펴보기로 하자.

협상의 기술

내 뜻을 관철하고자 한다면 지배적인 위치를 점유하는 것이 당연한 것 같아 보인다. 주도권이 있는 쪽이 아무래도 앞으로의 진행 상황을 결정할 것이기 때문이다.

하지만 현실은 훨씬 더 복잡하다. 핸들을 쥔 쪽이 항상 유리한 것만은 아니기 때문이다. 예를 들어 나는 상대에게 부탁해야 할 것이 있지만 상대는 전혀 아쉬울 것이 없는 상황이라면 아무리 자기 뜻을 관철하고 싶다고 해도 너무 저돌적으로 나가지 말고 의도적으로 뒤로 슬쩍 물러나는 편이 훨씬 더 득이 된다.

마르틴 트렌클레는 섬유 업계에서 알아주는 전문가이지만, 현재 작은 기업에서 일을 하고 있다. 어느 중기업이 트렌클레에게 스카우

트를 제의해 왔다. 워낙 제시하는 조건이 좋아 트렌클레도 마음이 흔들렸다. 결국 상호 간에 이야기가 잘 되어서 면접까지 보기로 약속을 잡았다. 그런데 막상 면접을 보러 가니 사장의 태도가 너무 거만하고 불친절했다. 직원들을 얼마나 함부로 대하는 사람인지 단번에 알 것 같았다. 다음 날 트렌클레는 단호하게 거절의 뜻을 전했다. 아무리 조건이 좋아도 자신을 하대하는 회사에서는 일을 할 수 없다고 판단했기 때문이다.

권력 분량을 조절하라

주도권을 쥐고 싶다 해도 온몸으로 신호를 내뿜는 건 좋은 방법이 아니다. '지나치면 모자란 것만 못하다'는 속담은 여기서도 통한다. 과도하게 권력 욕심을 내비쳐 오히려 일을 그르칠 수 있기 때문이다. 주도권의 의지를 과하게 피력할 경우, 상대가 나를 너무 힘이 세거나 자신보다 위에 있는 사람이라고 판단하여 주눅이 들거나 거부감을 느낄 수 있다. 그러면 상대는 일부러 당신을 피해 빙빙 돌게 된다.

따라서 경험이 많은 사람들은 신호의 분량을 적절하게 조절한다. 어떨 땐 굴복의 각오가 되어 있다는 신호를 넌지시 섞어 보내기도 한다. 약한 모습을 보이는 편이 오히려 보다 인간적으로, 보다 사랑스럽게 비칠 수 있기 때문이다.

그뿐이 아니다. '내가 너보다 잘났다'는 신호에는 큰 대가가 따른다. 무엇보다 에너지와 힘이 너무 많이 든다. 물론 태어날 때부터 남들을 리드하는 힘과 자질을 타고난 사람들이 있다. 주도권을 쥐고 남들 앞에서 잘난 척을 해야 직성이 풀리는 사람들이다. 설사 그런 사람들이라도 항상 자제력을 잃지 않도록 조심하는 편이 좋다.

'파워 플레이'는 어떤 관점에서 보아도 도움이 되지 않는다. 쓸데없이 에너지가 많이 들고, 자칫 하다가는 외톨이가 되기 쉽다. 또 오히려 역효과를 내서 영향력을 잃을 수도 있다. 따라서 인간관계에서는 항상 심사숙고해야 한다. 과연 이 만남에서 주도적인 역할을 맡는 것이 유리할지 고심하여 결정을 내려야 한다.

주도권은 물론 좋다

주도권의 좋은 점은 굳이 말할 필요가 없을 것 같다. 두 사람의 관계에서 당신이 주도권을 쥐게 되면 당신의 뜻을 관철할 기회가 더 많아진다. 설사 상대의 저항이 있다 하더라도 말이다. 거꾸로 상대는 당신을 뜻대로 하기가 힘들 것이다. 당신을 논리로 설득시키거나 당신의 호감을 사거나 아니면 속여 넘겨야 겨우 당신의 저항을 꺾을 수 있을 테니 말이다.

중요한 상황에서 주도권을 획득하지 못한 사람은 무시당할 위험이 높다. 특히 리더의 지위에 있다면 더욱 그럴 것이다. 그나마 지위

덕분에 권력의 수단과 신분의 상징을 갖추었지만, 리드해야 마땅할 사람이 양보를 해야 하니, 애당초 권력이 없었던 사람보다 더 권력 상실을 절감하게 될 것이다.

주도권을 얻지 못한 데에는 두 가지 이유가 있다. 첫째, 당신이 게임에서 주도권을 뺏긴 경우이고, 둘째, 당신이 워낙 권력 게임을 좋아하지 않기 때문이다. 당신은 파트너 관계에 입각한 우호적인 리더십을 더 선호하는 사람이다. 그래서 권력 싸움이나 권력의 상징 같은 것에 별 의미를 두지 않는다. 이런 두 번째 유형의 사람들은 상대에게 호감을 줄 확률이 높지만, (이런 면이 오히려 권력 게임에서 장점으로 작용할 수도 있다) 또 한편으로는 상대에게 이런 신호를 보내는 셈이 된다.

"여기 텅텅 비었네. 내가 어디 한번 주도권을 잡아볼까?"

"너무 겸손했습니다"

여성 정치인 우테 포이그트는 독일 사민당의 희망이었다. 30대 중반의 나이로 바덴뷔르템베르크 주의 대표였고, 추후에는 연방의회 선거에도 출마했다. 하지만 2009년 말, 그녀는 임원직을 사임했는데, 그 이유는 선거 결과가 나빴기 때문만은 아니었다. 최근에는 사민당 내부에서도 거의 지지를 얻지 못하고 있다.

쥐트도이체 차이퉁과의 인터뷰에서 그녀는 그 이유를 이렇게 설명했다.

> "전형적인 여성의 실수를 저질렀습니다. 너무 겸손한 자세를 취했던 거지요. 이 자리도 고사하고 저 자리도 고사했습니다. 전임자가 직책에서 물러난 뒤 4주 동안이나 운전기사를 배치해 주지 않았을 때조차 한마디도 하지 않았습니다."

최소한의 권력이 없으면 리더의 역할은 힘들다. 다른 리더들이나 외부 인사와 접촉할 때에도 뒤로 물러나 소극적인 자세를 보여서는 안 된다. 만약 그런 자세를 일관한다면 상대의 –특히 '내 사람들'에게서– 존경을 얻지 못한다. 겉으로 강해 보이면 내부에서 지지를 얻는다. 당신의 강한 권력의 빛이 당신이 리드하는 사람들에게도 환히 비치기 때문이다.

주도권이 좋기만 할까?

하지만 주도권을 쥐게 되면 나쁜 점도 있다. 항상 지배하고 리드하려면 에너지 소모가 너무 크다. 따라서 가끔씩은 한 걸음 물러나 상대에게 내 구역을 양보하는 것이 경제적인 처사이다. 특히 크게 중요하지 않은 구역, 앞에서도 말했듯 소소한 권력의 장이라면 여유를 갖고 자주 양보하도록 하자.

그뿐만이 아니다. 책임의 문제도 있다. 특정 사안에서 주도적인 역할을 한 사람은 나중에 그 일의 결과에 대해서도 책임을 져야 한다. 물론 책임을 회피할 수 있는 방법이 아주 없지는 않겠지만, 그러자면 어느 정도의 요령이 필요하고, 요령이 있다고 해도 너무 자주 사용해서는 안 된다. 따라서 가끔은 상대에게 핸들을 넘겨주는 편이 유익하다. 잘 모르는 사안이거나 결과에 책임을 지고 싶지 않은 경우 특히 그렇다.

그 밖에도 주도권의 단점은 두 가지가 더 있다. 주도적인 역할만 맡으면 상대의 호감을 사기 어렵다. 상대가 심한 거부감을 표하는 경우도 적지 않다. 특히 상대가 주도권을 잡을 기회를 노리고 있었는데 그렇지 못한 상황이라면 상대는 모욕감을 느낄 것이다. 이때 상대는 반드시 대갚음해 주겠다는 복수심을 불태울 수 있다. 물론 주도권이 무엇인지 진정으로 아는 사람이라면 그런 상황에도 원만하게 대처할 수 있을 것이다. 상대가 자신을 싫어할까 봐 겁내지 않고 상대가 복수의 칼을 휘두를 기회조차 잡지 못하도록 미리 조처할 것이다.

하지만 뭐니 뭐니 해도 가장 중요한 주도권의 마이너스 지점은 바로 이것, '**지배적 위치에 선 사람은 주변 사람들의 생각과 희망에 다가갈 수 없다**'는 것이다. 자신의 사소한 약점을 이용할지도 모를 사람에게 마음을 열 사람은 없기 때문이다. 지배권을 가진 사람에게 자신의 소중한 정보를 제공해 줄 사람은 물정 모르는 신입 사원이나 상대적으로 순진한 동료들뿐이다.

이는 어디서나 흔히 목격되는 현상이다. 주도권을 쥔 사람들은 주변인들을 지배할 능력을 완벽히 갖추자마자 현실 감각이 떨어진다. 그 자리에 오르기 위해 얼마나 열심히 노력했던가. 그런데 주변을 돌아보니 아첨꾼들밖에 남지 않았다. 이는 적절한 결정을 내릴 수 있는 조건이 절대 아니다. 그러니 권력을 잡고 싶다면 주도권을 포기할 줄도 알아야 한다.

힘을 아끼기 위해, 책임을 줄이기 위해.

호감을 얻기 위해.

중요한 정보에 접근하기 위해.

외나무 다리에서 만나다

경제 경영서를 출간한 많은 저자는 평등한 관계, 소위 '같은 눈높이의 만남'은 있을 수 없다고 주장한다. 인간관계에선 항상 한쪽이 주도권을 쥐게 되어 있다는 것이다. 이는 '어느 쪽이 주도권을 쥐느냐' 하는 우리의 주제와도 관련이 있는 주장이지만, 나는 어느 정도는 평등한 관계와 만남은 가능하다고 생각한다.

물론 대부분의 상황에서 한쪽이 리드를 하고 다른 쪽이 따르는 것이 보통이다. 완벽하게 평등한 관계는 없다. 이는 앞에서 언급한 대로 춤을 추는 것과 유사하다. 그럼에도 한 번은 내가, 다음번에는 상대방이 주도권을 넘겨받는 식으로 평등한 관계를 만들어 낼 수는 있다.

단, 그러기 위해서는 두 가지 조건이 부합되어야 한다.

첫 번째 조건은 '새로운 상황'이다. 예를 들어보자. 조금 전까지 우리는 'A 프로젝트'에 대해 이야기를 나누었다. 그래서 당신이 주도권을 행사하였다. 하지만 이번에는 내 전문 분야다. 이제는 당신이 나에게 주도권을 넘겨주어야 한다.

두 번째, 지금까지 주도권을 쥐고 있던 사람이 상대에게 복종할 준비가 되었음을 알려야 한다. 그러면 상대가 주도권을 넘겨받는다.

이 두 가지 조건에 대한 오해를 피하기 위해 한 마디 덧붙이겠다. 물론 당신의 전문 분야가 아니어서 쥐꼬리만큼도 모른다고 해도 당신은 상황을 주도할 수 있다. 문제는 '능력'이 아니라 '주도권'이니까 말이다. 마지막에 누가 자기 뜻을 관철하느냐는 전혀 다른 문제이다. 하지만 당신은 '한번 주도권을 잡았다고 해서 다음번에는 꼭 상대에게 주도권을 넘겨주란 법이 어디 있느냐'고 항의할 수도 있다. 이에 대해서는 앞서 '주도권의 단점' 부분에서 설명하였다. 오히려 주도권을 상대에게 넘기면 관계의 질이 눈에 띄게 좋아질 수 있다. 물론 어떤 분야, 어떤 기회에 누가 주도권을 쥘 것인지 두 사람이 합의한다는 조건에서 그렇다. 합의하지 않으면 계속해서 갈등은 일어날 것이다. 상대를 존중해 준답시고 합의 없이 갑자기 뒤로 물러나서도 안 된다.

전문 인력을 부드럽게 리드하는 방법

당신이 부하직원들을 이끌어야 하는 리더의 입장이라면 이런 문제에 매우 흥미를 느낄 것이다. 특히 고도의 전문 지식을 갖춘, 회사에 꼭 필요한 인재들을 리드하는 입장이라면 더욱 그렇다. 전문 기술을 갖춘 인재들은 보통 자신의 가치를 잘 알고 있기 때문에 상사가 조금만 주도권을 행사하려고 해도 알레르기 반응을 보인다. 당연히 이들은 누구한테나 존중받기를 원하고, 좋은 조건을 제시해 주길 바라며, 자신의 능력을 인정해 주리라 기대한다.

그래서 이런 까다로운 고급 인력들을 리드하려면 한 가지만 명심하면 된다. 물론 힘은 좀 들 것이다. 일단 그들 각자의 전문 분야에 대해서는 완벽한 권리를 인정해 주어야 한다. 하지만 그들이 당신의 분야, 즉 관리나 경영의 분야까지 손을 뻗치도록 허용하여서는 안 된다.

이것을 이름하여 '눈높이 리드'라고 부른다. 각자가 자기가 맡은 분야에서는 주도권을 행사하되, 다른 분야에서는 복종해야 한다. 모두가 상대의 능력을 인정하고 상대의 이해관계를 용인하는 것이다.

기회를 엿보다 뒤통수를 날리는 기술

아주 계산적인 전략 차원에서 상대에게 주도권을 넘겨주는 방법이 있다. 매우 유용하게 써먹힐 테니 반드시 외워두자.

처음에는 주변 사람들에게 하찮은 존재로 비친다. 연신 굽실거리고 멍청한 짓도 잘한다. 하지만 일단 모든 정보를 수집하거나 상대에게서 충분한 정보를 빼내고 나면 태도를 돌변한다. 순식간에 핸들을 낚아채서 상대를 이리저리 끌고 다니는 것이다.

이 전략은 자체 동력이 있어서 상대의 전략을 훤히 꿰고 있는 사람도 쉽게 말려든다. 상대가 모자란 척하는 것이 연기인 줄 알면서도 자기도 모르는 사이 깜빡깜빡 속아 넘어가는 것이다. 치사해 보이는가? 괜찮다. 아무도 이런 전략에 딴지를 걸 인물은 없다. 오히려 상대를 얕잡아본 자신을 탓하게 될 것이다. 인간이란 오만한 존재이기에 자신에게 굽실거리면서 복종의 의사를 보이면 자기가 정말 잘난 줄 착각하게 되기 때문이다.

이 기술을 제일 잘 써먹는 사람이 바로 '형사 콜롬보'이다. 자기보다 사회적 지위가 높은 사람들을 조사할 때 콜롬보는 알아서 굽실거린다. 후줄근한 트렌치코트를 걸치고 보란 듯이 덤벙거리며 실수를 저지르기 때문에 범인은 그를 하찮은 존재로 취급하며 관심을 두지 않는다. 하지만 콜롬보는 바로 그 점을 노리고 한방을 날린다.

자, 다시 한번 입력하자. 일단 조용히 정보를 모으고 권력의 기반을 다진 후엔 갑자기 당당한 모습으로 상대에게 주도권을 휘두른다. 그러니 중요한 정보나 전체적인 분위기를 파악하려면 뒤로 한 걸음 물러나 상대에게 양보하는 지혜가 필요하다.

아주 조용히 과시하는 권력

일단 주도적인 입장을 쟁취했다면 계속해서 주변에 자신의 입지를 확인시켜 주어야 한다. 여기서 누가 주도권을 쥐고 있는지 거듭 상기시켜줄 필요가 있다.

대부분의 상사들이 부하직원들에게 말도 안 되는 업무를 지시하고 '별로 중요하지 않은 자료'를 지금 당장 가져오라고 닦달하는 것은 정말 그 자료가 지금 바로 필요해서가 아니다. 그 하찮은 요구를 통해 자신의 주도권을 과시하기 위한 목적이다.

조금 더 심한 방법으로 만만한 부하직원을 골라 과도하게 비판하는 경우도 있다. 당하는 부하직원은 물론 옆에서 지켜보는 동료들도 무력감을 느낄 수밖에 없을 것이다.

하지만 이런 방법은 상당히 나쁜 평판을 불러올 위험이 크다. 권위적이고 고리타분한 상사로 비칠 위험이 높고, 심한 경우 오히려 약한 모습을 숨기기 위한 억지스러운 태도로 해석될 수도 있다. 한마디로 훌륭한 리더라면 갖추지 말아야 할 태도이다.

그보다 훨씬 부드러우면서도 강력한 효과를 일으키는 권력 과시 방법이 있다. 이 방법의 좋은 점은 특별한 일을 할 필요가 없다는 데 있다. 목적 지향적 행동을 하지 않을수록 효과는 더 크다. 당신은 그저 부하 직원들 앞에 나타나 가만히 있으면 된다. 당신을 보자마자 사람들은 갑자기 하던 대화를 중단하고 태도를 바꾸며 서로 눈치를 보면서 당신이 무슨 짓을 할지 숨죽여 지켜본다.

하지만 이런 식의 '순회 경영Management by walking around'은 회의나 환영 만찬, 현장 사찰 등 특별한 무대가 필요하다. 그리고 당연히 주변 사람들에게 막강한 카리스마를 발휘할 권력이 전제되어야 한다. 일단 카리스마만 있으면 효과는 엄청나다.

이런 식의 방법들이 유쾌하지 않다면 남은 방법이 있다. 중요한 업무를 '리더의 업무'로 선포하여 다른 사람들이 손대지 못하도록 미리 선수 치는 것이다. 일시적으로 특정 업무의 관할권을 자신이 독점한 채 짧은 시간 안에 '구체적인 결과' 혹은 '해결책'을 모색하는 것이다. 남이 보기에 그럴싸한 중요한 결정 사항을 나의 권한으로 못 박을 수 있어 좋고, 나아가 '리더의 업무'라는 말 자체를 통해 업무의 품격을 높일 수 있다.

괜히 '리더'의 업무겠는가?

주도권 실전 전략 :
에두르지 말고 지시를 내려라

놀랄 만큼 간단하게 주도권을 거머쥐는 방법이 있다. 바로 상대에게 지시를 내리는 방법이다. 상대는 내가 시킨 대로 하기만 하면 된다. 중요한 일인지 사소한 일인지는 상관없다. 관건은 상황이다. 내가 지시를 내렸고 상대가 내 지시를 따랐다는 상황, 그것이 중요하다.

아무리 사소하고 별것 아닌 일도 주도권으로 가는 길을 넓혀줄 수 있다. 아니 오히려 사소한 일일수록 더 효과가 크다. 처음부터 너무 부담스러운 요구를 해댄다면 상대의 저항과 반발이 만만치 않을 테니 말이다.

빙빙 돌지 말고 목표로 곧바로 직진!

조금 더 머리 회전이 빠른 사람이라면 상대가 해 주어야 마땅한 일, 예를 들어 상대가 절대로 거절할 수 없는 사소한 호의를 지시할 것이다. '부탁'이라고 표현할 일을 상대에게 해달라고 '명령'하는 것이다. 하지만 이때 중요한 것은 절대 '부탁'의 의미를 담은 표현을 사용하지 않고 곧바로 요점으로 직행해야 한다. 일체의 미사여구와 부탁의 표현은 생략하는 것이다. 예를 들어 "미안하지만 저기 있는 저 책 좀 집어주면 안 될까?"라고 말하지 말고 단도직입적으로 "저 책 좀 줘."라고 말한다.

너무 무례하고 불손한 것 같나? 맞다. 그런 인상을 풍길 것이다. 하지만 주도권 쟁탈전에서는 약간의 무례함도 나쁘지 않다. 중요한 것은 주도권을 누가 쥐느냐 하는 것이기 때문이다. 말을 빙빙 돌리다가는 기회를 놓치고 만다. 간단명료하게, 직접 표현할수록 그 말의 효과도 크다.

특히 여성 리더들에게 말을 똑 부러지게 하라고 권하고 싶다. 보통 여성들이 남성에 비해 단도직입적인 표현을 잘 못한다. 하지만 직접적인 표현이 말에 힘을 실어준다. 말을 빙빙 돌리거나 부드럽게 표현하면 진지한 대접과 응답을 기대할 수 없다.

"그러니까 제 말을 들으세요"

미스터 티페르트의 책상이 난장판이다. 그의 상사 미세스 슈타델만이 들어와서 고개를 절레절레 젓는다. "여기서 어떻게 일을 합니까?" 티페르트가 명랑한 표정으로 대답한다. "전 아무 문제 없는데요." 미세스 슈타델만이 어이없다는 표정으로 대답하며 나간다. "나라면 절대로 일을 못하겠구만."

잠시 후 프로젝트 팀장인 미세스 하인츠가 들어온다. "이게 뭐야? 티페르트 씨, 당장 정리하세요." 그가 변명을 늘어놓는다. "부장님이 지시하신 업무 때문에 바빠서 조금 있다 하겠습니다." 미세스 하인츠가 차갑게 대답한다. "그렇다면 더더욱 청소를 해야겠군요."

지시에 이유를 대지 마라

지시를 내릴 때는 변명이나 설명이 필요 없다. 당신의 예상과 달리 변명이나 설명은 당신의 말에 힘을 실어주지 못한다. 오히려 지시를 약하게 만든다. 물론 명령을 내렸으면 그 근거를 알려주는 편이 더 설득력이 있지 않을까, 라고 생각할 수도 있다.

이런 실험이 있다. 뉴욕의 사회심리학자 벤지온 카노비츠가 실시한 실험이다.

복사를 하고 있는데 누군가가 다가와 먼저 할 수 있는지 묻는다. 일단 "제가 먼저 해도 될까요?"라고 물었을 경우 승낙을 받은 비율은 40%에 불과했다. 하지만 "왜냐하면"이라는 말과 함께 어떠한 이유를 든 경우에는 그 비율이 93%까지 치솟았다. 설사 그 이유가 "제가 복사할 것이 몇 장 없거든요." 같은 별로 타당하지 않은 이유인 경우에도 그랬다. 사실 진짜 이유는 "정말 급해서 그러는데 먼저 해도 될까요?"이다. 그런데 진짜 이유건 가짜 이유건 일단 "왜나하면"이라는 말을 들었을 경우 상대는 흔쾌히 양보를 했다.

당연히 이 실험 결과는 틀리지 않다. 다만 이 경우는 지시가 아니라 '질문' 혹은 '부탁'이었다. 설사 자기 뜻대로 복사를 할 수 있었다고는 해도 부탁을 한 사람이 그 상황에서 당당한 모습은 아니었다. 어쩌면 그들이 당당한 모습이 아니었기 때문에 먼저 복사를 할 수 있었을지도 모른다. 그러니 이 경우는 '부탁'에 해당된다. '부탁'은 우월한 위치와 별로 관련이 없다. 물론 우리보다 더 힘이 센 사람이 우리에게 부탁을 할 수도 있다. 하지만 그럴 때 그는 잠시일망정 약한 모습을 보이며 낮은 자세를 취한다. 그렇지 않으면 우리는 그의 부탁을 들어주지 않을 것이다.

반면 '지시'는 상대보다 높은 위치여야 한다. 그리고 언어의 차원에서 보면 이유나 설명이 없는 경우 지시의 힘이 더 강해진다. 왜 그럴까? 이유를 대려면 자신을 정당화해야 하기 때문이다.

"좀 비켜주시겠어요. 기차를 타야 해요."

이 말은 "비켜주시죠!"라는 말보다 훨씬 약하게 들린다. 그래서 아무도 존중하는 마음으로 들어주지 않는다.

또한 이유를 들게 되면 우리의 지시가 설명이 필요한 행위라는 느낌이 든다. 그러니 당연히 권력의 제스처가 무너진다. 요구가 아니라 논거를 대는 형국이 되어 버리기 때문이다. 이래서는 주도권을 쥘 수 없다. 잘못하다가는 오히려 상대에게 공격의 발판을 마련해 줘 이렇게 역공을 할 수도 있다.

"기차는 저도 타야 해요. 그런데 왜 이렇게 서둘러요? 기차가 출발하려면 아직 10분이나 남았구만."

물론 지시를 내리면서 그 이유를 설명해 주면 설득력이 있어 상대가 쉽게 이해하게 된다. 영문도 모르고 지시를 따르는 것보다 기분도 좋다.

그러면 살짝 트릭을 써보자. 이유를 설명하는 방법을 바꾸는 것이다. 지시와 이유를 구구절절 연결할 것이 아니라 지시와 이유를 각각 두 문장으로 나누어 간결하게 표현하는 것이다.

예를 들면 이런 식이다.

"지나갑시다. 기차 탈 겁니다."

거부할 수 없는 모델을 사용하라

아마 이런 궁금증이 들 것이다. 사람들은 왜 지시를 따를까? 거부하거나 아예 반응을 안 할 수도 있지 않은가. 놀랍게도 그런 일은 거의 일어나지 않는다. 앞에서 본 복사기 사례처럼 지시를 내리는 사람은 익숙한 모델을 사용하기 때문이다. 그래서 우리는 거의 자동적인 반응을 보이며 상대의 지시를 따르는 것이다.

물론 이 행동은 나름의 의미가 있다. 진화생물학적으로 볼 때 그런 반응들은 우리의 생존을 보장해 왔다. 옛날엔 "피해!"라는 명령을 듣고 얼마나 빨리 반응하는가에 따라 생사의 갈림길이 정해졌을 테니 말이다. 그래서 우리는 지금도 "나가세요!", "4번 창구로 가세요.", "거기 작은 망치 이리 줘!"와 같은 말을 들으면 자기도 모르는 사이 반응을 보이게 된다. 특별히 이상하거나 후안무치하다는 느낌이 들지 않는 이상 보통은 지시나 명령을 따른다. 그리고 대부분은 그것이 적절한 반응이다. 특히 그 명령이 나보다 서열이 위에 있거나, 반항하지 않는 편이 나의 생존에 더 유리한 사람 – 고객, 공무원, 구조대 등 – 이 내린 것이라면 더욱 그러하다.

바로 이런 언어 모델을 우리가 주도권을 장악하는 목적으로도 사용할 수 있는 것이다.

지시를 내리는 것은 주도권을 잡았다는 증거이다. 상대가 나의 지시에 따르도록 만드는 데 성공했다면 말 그대로 내 '말발'이 먹힌 것이다.

상대의 물고기를 그물로 낚아채지 마라

지시를 내릴 때는 한 가지 조심해야 할 점이 있다. 내가 말을 하지 않았어도 상대가 알아서 할 일을 지시해서는 안 된다. 주도권을 얻기는커녕 상대의 짜증만 돋울 뿐이다.

얼른 생각하면 말이 안 된다. 어차피 하려고 하던 일을 당신이 요구했을 뿐인데 왜 화를 낼까? 오히려 반가워해야 할 일이 아닌가? 하지만 절대 그렇지 않다. 당신이 지시를 내림으로써 권력과 책임의 뼈대가 흔들린다. 상대는 자발적으로 그 일을 하는 것이 아니라 당신이 지시를 했기 때문에 하는 꼴이 되어 버린다. 그리고 그 둘의 차이는 하늘과 땅만큼 크다. 당신이 상대의 의지를 앗아버린 것이다. 그 뒤로 상대가 당신의 말에 따른다면 그건 복종과 다름이 없다.

부모들이라면 이런 효과를 다들 경험해 보았을 것이다. 아이는 간만에 책상 정리를 할 생각이다. 그런데 당신이 아이에게 이런 말을 한다.

"책상 정리 좀 해라. 이런 환경에서 공부가 되겠니?"

아이는 짜증을 내며 다시 침대에 누워버린다. 큰맘 먹고 청소를 하려던 아이의 계획이 당신의 뜻이 되어버렸고, 그 말을 따를 경우 아이는 당신에게 복종하는 상태가 되기 때문이다.

딸이 어렸을 때 나는 밤마다 아이의 침대 머리맡에서 책을 읽어

주고 '잘 자'라는 인사를 한 뒤 아이의 방을 나왔다. 모든 아이가 그러하듯 딸은 최대한 그 시간을 오래 끌려고 했다. 내가 나가려고 하면 책을 한 권 더 읽어달라느니, 물을 마시고 싶다느니 하면서 내가 나가지 못하게 붙들었다. 그렇지만 나는 아이가 아무리 칭얼대도 과감하게 시간이 되면 방을 나왔다.

그러자 딸이 전략을 바꾸었다. 내가 침대에서 엉덩이를 떼려는 순간 아이가 날 무시하듯 말했다.

"아빠, 이제 제발 나가!"

이제 난감한 상황이 펼쳐졌다. 남아있는 아빠의 권위라도 지키려면 나올 수가 없게 된 것이다. 내가 방을 나오면 아이의 지시에 따라 쫓겨나는 꼴이 되어 버릴 테니 말이다. 어쩔 수 없이 나는 잠시 더 아이 곁에 머무를 수밖에 없었다.

세상 가장 당연한 객관적인 말투

내 지시의 성공 여부는 어떤 말투를 사용했는지가 관건이다. 목소리를 높이거나 딱딱하게 호통을 치듯 지시를 내리면 상대가 거부반응을 보이는 것이 보통이다. 이런 명령조의 말투에 누가 호응을 하고 싶겠는가. 특히 상대가 자기 의지를 굽히고 싶지 않다면 강한 거부감과 반발이 예상된다. 거기에 제삼자가 끼어들어 명령을 받는 자의 편을 들어주기까지 한다면 그야말로 난감한 상황이 아닌가.

하지만 달리 생각하면 바로 그런 말투에서 강력한 주도권의 의지가 발산된다. 상대가 나의 이런 말투에 응한다면 그건 완벽한 복종의 표시일 테니 말이다. 상대가 당당하게 대응하지 않고 우물쭈물 억지 미소만 짓고 있다면 당신의 주도권 신호는 그 자리에 있는 모두에게로 확대될 것이다. 그것이 바로 당신이 원하는 효과가 아닌가.

다정하고 상냥한 말투의 지시는 지시가 가진 원래의 성격을 은폐하고, 주도권을 잡고 싶다는 신호를 약화한다. 그래서 상대가 눈치채지 못하게 몰래몰래 주도권을 낚아채려는 사람들이 이런 방법을 자주 사용한다. 상냥하고 호감 가는 사람이라는 인상을 유지하면서도 결정권을 손에 쥐게 되고, 대부분의 주변 사람이 그의 권력이 얼마나 대단한지 눈치채지 못한다.

물론 권력의 의지가 강한 사람들에게는 이런 식의 포장도 아무 소용이 없다. 속임수가 눈에 훤히 보여서 오히려 그렇게 포장하는 상대를 얕본다. 따라서 많은 사람이 제삼의 말투를 선택한다. '중립적이고 명료하며 객관적인 말투'이다. 마치 자신의 지시가 이 세상에서 가장 당연한 일이라는 듯 아주 객관적으로 지시를 내리는 것이다. 너무나 당연한 일인데 부드러운 말투로 상대의 마음을 어루만져야 할 이유가 어디 있겠는가!

지시에 대한 대응전략

이제 거꾸로 내가 지시를 받는 입장이 되어보자. 누군가 나에게 지시를 내린다는 것은 이런 신호와 같다.

"저 사람이 주도권을 잡으려고 하고 있어!"

당신은 상대의 지시를 받아들여 실행에 옮길 수도 있다. 상대의 주도권 의지가 그리 강하지 않고 또 당신 자신이 다음 기회에 주도적인 파트를 넘겨받을 예정이라면 충분히 그럴 수 있다. 나중에 역할을 바꾸지 않는다고 해도 상대에게 주도권을 넘겨주는 편이 이익이 될 때도 많다. 그럴 땐 의도적으로 복종하는 역할을 수락하고 그 역할에서 이익을 취하면 된다.

하지만 그렇지 않은 경우, 절대로 상대에게 주도권을 건네고 싶은 마음이 없는 경우에는 대응을 해야 한다. 방법은 세 가지이다.

1) 지시를 무시한다

두 개의 얼굴을 가진 대응전략이다. 한편으로 상대의 체면을 지켜준다. 그리고 상대에게 이런 메시지를 전달한다.

"당신에겐 지시를 내릴 권한이 없어. 주도권은 내 것이야. 당신도 인정한다면 실수로 내린 그 지시에 대해서는 입을 다물기로 하지."

하지만 다른 한편으로는 매우 강한 거절의 형태이다. 상대에게서 지시를 내릴 수 있는 일체의 권한을 빼앗는 것은 물론, 상대의 말을 한 귀로 듣고 한 귀로 흘려버리면서 상대에게 모욕을 안겨주기 때문이다.

이제 어떤 일이 벌어질까? 상대는 자신의 뜻을 더 명확하게 전달하기 위해 말투를 날카롭게 바꾼다. 하지만 그렇게 함으로써 상황은 오히려 당신에게 유리해진다. 상대의 말투가 부당하게 예의 없는 말투로 변할 것이고, 당신은 그런 말투로 당신에게 말을 건네는 사람을 마음껏 나무랄 수 있기 때문이다. 당신의 주도권을 과시할 수 있는 완벽한 방법인 셈이다.

물론 조심해야 할 부분이 있다. 상대가 당신보다 지위가 낮은 사람이라면 괜찮지만, 동급의 대화 파트너에게는 위험의 소지가 높고, 상대가 당신보다 지위가 높으면 절대 사용하지 말아야 할 방법이다.

2) 어깃장을 놓는다

공격적인 대응방법이다. 상대에게 지시를 따르지 않겠다고 선언한다. 물론 타당한 이유를 제시해야 한다. 그럴 상황이 아니라든지, 시간적으로 문제가 있다든지 하는, 상대도 납득할 만한 이유가 있어야 한다. 어쨌거나 이런 거절의 방법은 상대에게 "당신이 여기서 지시를 내려야 할 위치가 아닌 것으로 생각한다"는 메시지를 전달한다.

이 방법은 상대의 지시가 부당해 보이지 않을 경우 호감을 잃을 위험이 있다. 말투가 건방질 때는 특히 그렇다. 사소한 일로 남 앞에서 빼기는 꼴이 좋아 보이지는 않을 것이다. 한 마디 더 덧붙이자면 거꾸로 그런 사소한 일로 빼기는 사람한테 주눅 들지 않는 사람이야말로 강력한 권력의 신호를 내뿜을 수 있다.

3) 내 멋대로 바꾼다

외교적인 대응방법이다. 상대의 요구를 거부하지 않는다. 심지어 적극 지지하는 인상을 풍긴다. 하지만 지시를 그대로 따르지 않는다. 나름대로 해석하거나 그저 또 하나의 '제안'으로 만들어버린다.

"바이헤르트 씨 그런 제안을 해 주시니 정말 기쁩니다. 저도 마침 같은 생각을 했거든요."

이미 비슷한 생각을 했다는 언질이 꼭 필요한 것은 아니다.

"정말 멋진 아이디어네요. 그렇게 한번 해 봅시다."

마구 뿜어대는 자의식에 곁들인 말의 의미는 분명하다.

'아무리 네가 지시를 해 봤자 너는 내 손 안에 있어!'

주도권을 잡으려면 상대의 '제안'이 아무리 좋아도 그걸 그대로 통과시켜서는 안 된다. 바꾸고, 개선하고, 뛰어넘어야 한다. 하다 안 되면 개악이라도 시켜야 한다. 상대가 무슨 요구를 했든지 상관없다. 상대를 뛰어넘었든 상대보다 못한 결과를 내놓았든 그건 중요하지 않다. 중요한 건 "여기서 결정권을 휘두르는 사람은 나!"라는 사실을 과시하는 것이다.

위의 대응전략을 무너뜨리자

다시 입장을 바꾸어 당신이 지시를 내린 사람이라고 가정해 보자. 앞의 대응전략에 어떻게 대처할 수 있을까?

한 가지 좋은 방법이 있다. 상대의 행동을 부당하고 몰상식한 행동으로 몰아세우는 방법이다. 상대는 정당한 지시를 거부하고 자기 잇속을 위해 상대의 의견을 무시하는 사람이다. 그래서 당신은 피해자다. 당신은 상대에게 '공손하게 부탁'했다. 전혀 초인적인 능력이 필요하지 않은 아주 사소한 부탁이었다. 그런데 이런 식의 반응이라니! 상대방을 배려할 줄 모르는 아주 몰상식한 반응이다.

상대의 반응에 아주 강력하게 대처해라. 소통은 기대할 수 없으니 아예 싹을 잘라라. 단칼에 대화를 끝내라. 냉담하게, 단호하게. 불쌍한 피해자(약한 입장) 역할을 하지 말고 객관적인 자세를 유지하라. 대화는 아무 의미가 없다는 점을 밝히고 일체의 추가 멘트에 대꾸하지 마라.

대화의 첫 말뚝을 박아라

회의나 협상은 자기 입장을 강력하게 펼치거나 주도권을 입증해야 하는 자리이다. 그런 만큼 이런 질문이 필요하다.

"일찍 서둘러 제일 먼저 발언권을 얻는 편이 유리할까? 아니면 상대쪽이 먼저 말을 하도록 기다리는 편이 더 나을까?"

대답은 둘 다이다. 양쪽 다 적절하게만 사용한다면 성공으로 이끌 수 있다. 물론 먼저 발언권을 얻는 쪽이 유리하다. 말 그대로 첫 말뚝을 박아서 물꼬를 트면, 대화의 방향을 정할 수 있기 때문이다. 이 효과는 여기저기에서 입증된 바 있어, 흔히 '닻 내리기 효과Anchoring'

로 불린다. 처음 들은 숫자, 처음 들은 제안이 출발선이 되어 이후의 발언에 가장 강한 영향력을 행사한다는 이론이다. 다음의 황당한 실험이 보여주듯 우리는 보통 그런 사실을 전혀 의식하지 못한다.

행동 경제학자 다니엘 애리어리는 자신의 학생들에게 사회 보장 번호(우리나라의 주민등록 번호와 같다)의 마지막 두 자리 숫자를 적게 하였다. 이어 포도주 한 병을 경매에 부치고 최고가를 적어 보라고 시켰다. 결과는 보장 번호 뒷자리가 98처럼 큰 숫자인 경우가 반대의 경우보다 훨씬 더 높은 경매 제시가를 적어냈다.

이런 현상은 협상에도 적용된다. 스탠퍼드 대학교 교수인 마가렛 닐이 입증한 사실이다. 첫 말뚝을 받은 사람이 나중의 결과에 놀랄 만큼 많은 영향을 미친다. 심지어 전문가들도 마찬가다. 쾰른의 사회심리학자 비르테 엥글리시와 토마스 무스바일러의 연구 결과를 보면 알 수 있다. 형량 판결을 앞둔 판사들에게 한 대학생(신입생, 정보학 전공)이 마음대로 정한 형량을 추천했다. 판사들은 대학생의 말에 전혀 신경을 쓰지 않았다고 주장했지만, 놀랍게도 대학생이 제안한 형량의 높고 낮음에 따라 판사가 내린 형량도 높고 낮아졌다.

출발 신호에 촉각을 세워라

모든 정황상 처음으로 제안을 던지는 사람의 말발이 가장 잘 먹힐 것이다. 그런데 이상하게도 회의 때 보면 주도적인 인물일수록 처음엔 보란 듯이 입을 꾹 다물고 있다. 회의의 문은 보통 지위가 아주 낮은 참가자가 여는 것이 보통이다. 더 자세한 이유에 관해서는 뒤(미팅과 회의에 관한 부분)에서 알아보기로 하자. 살짝 힌트를 주자면 그런 회의에서 주도권은 최대한 늦게 개입해야 효과가 크다.

일단 여기선 첫 말뚝의 효과에 대해서만 알아보기로 하자. 다시 한번 강조하지만, 절대 상대에게 말뚝을 넘겨주어서는 안 된다. **영향력을 행사하고 싶거든 출발점을 장악하라.**

처음으로 발언을 하거나 서문을 읽거나, 무엇보다 토론의 시작을 알리는 '첫 한 방'을 좌중을 향해 날려야 한다.

동맹군이 있어서 그가 대리인으로 먼저 스타트 지점을 표시하는 방법은 더 효과가 좋다. 토론이 진행되면서 그의 '첫 제안'이 폐기되더라도 어쨌든 흔적은 남겼다. 이제 당신이 그 흔적의 끈을 잡고 끝 무렵에 토론에 뛰어들어 찬란한 승자가 되는 것이다.

경쟁자는 비판하고 동맹군은 칭찬한다

각 직원이나 팀의 업무 평가 시간에도 제일 먼저 말뚝을 받는 사람이 앞으로의 대화 방향을 결정하게 된다. 권력에 대해 잘 아는 전략가라면 철저히 그런 효과를 계산하여 행동할 것이다.

"형편없습니다."

실제 성과가 아무리 좋았어도 이런 평가를 받는다면 치명적일 것이다. 특히 회의가 시작되자마자 이런 평가가 내려진다면 그 파장은 대단하다. 하지만 앞에서 이미 다른 사람들이 칭찬과 찬사를 늘어놓았다면 아무리 높은 자리에 있는 사람이 비판을 했다 해도 부정적인 평가의 힘은 떨어진다. 당신이 회의 도중 이런 평가를 내렸다면 두 가지의 분위기를 만들 것이다.

첫째, 그저 '의견이 갈린다'는 인상이 생겨날 확률이 높다.

둘째, 조금 전 만족의 의사를 표했던 사람이 모두 적군이 될 것이다. 이 부정적 평가로 인해 조금 전에 했던 칭찬의 말은 다 거짓이 되고, 자신은 상황 판단이 잘 안 되는 무능력자가 되는 것일 테니 말이다. 따라서 모두가 자기 입장을 변호할 것이고 더 긍정적인 면모, 칭찬할 만한 면모를 헤집어 찾아낼 것이다. 그러니 당신의 비판은 단순한 하나의 의견으로, 공감하기 힘든 극단적인 의견으로 폄하될 위험이 높다.

하지만 제일 첫 주자로 의견을 개진한 경우 상황은 판이해진다.

"우리의 동료 바이헤르트 씨의 프레젠테이션을 어떻게 보셨습니까?"라는 질문이 떨어지자마자 제일 먼저 평가의 총탄을 날린다.

"형편없습니다. 호흡이 너무 길고 아이디어도 없고 형식도 항상 똑같군요. 다음번에는 좀 달라졌으면 좋겠습니다."

바이헤르트 씨를 칭찬하려던 사람들은 정말로 타당한 근거가 없으면 함부로 입을 열지 못한다. 첫 번째 경우였다면 긍정적인 발언을 했을 사람들도 머뭇거리며 입을 다물게 된다.

"그래도 제가 보기에는 나름의 장점이…." 하며 자기 목소리를 높이려는 사람에게는 프레젠테이션의 온갖 약점을 끄집어낸 다음 느긋하게 이렇게 되물으면 된다.

"그런 점들이 좋았다고요? 저는 별로입니다."

이 말에는 아무도 감히 반박하지 못할 것이다.

비판이 아닌 칭찬을 하려고 해도 누가 언제 자신의 판단을 내놓느냐가 결정적인 차이를 만든다. 당신이 동료 누군가에 대해 칭찬과 아부의 말을 늘어놓고 싶다고 가정해 보자. 먼저 누군가가 그 사람에 대해 비판의 말을 던졌다면 상황은 불리해진다. 그럴 땐 동료의 업무 처리 결과가 흠이 없지는 않다고 해도 일단 남보다 먼저 "정말 훌륭합니다."라고 칭찬을 던져보자. 그런 뒤 유사시를 대비하여 이런 말들을 덧붙이면 된다.

"물론 전부 완벽하지는 않았지요. 개선해야 할 점도 있고요. 그렇지만 우리가 살펴본 바로는 아주 좋았습니다. 특히 기한이 빠듯했다는 점을 생각한다면 마땅히 칭찬을 해 주어야겠지요."

그래도 트집을 잡는 사람이 있으면 그는 분위기 파악을 못 하는 불평꾼의 역할을 맡게 될 것이다. 물론 그런 상황을 즐기는 사람들도 있다. 그들이 이것저것 트집을 잡거든 애쓰게 내버려 두었다가 한마디로 눌러버리자.

"이렇게 업무 성과를 좀처럼 인정해 주지 않는 분위기에서 과연 일이 하고 싶을까요?"

기억하라. 제일 먼저 의견을 개진하는 사람이 주도권을 장악한다. 반박할 근거가 완벽하지 않은 사람들은 감히 입을 열지 못할 것이고, 반박을 하는 사람이 있어도 후발주자이기 때문에 입지가 약해지기 마련이다.

결국 말뚝을 중심으로 춤판을 벌인다

당신이 부하직원들을 거느린 상사라면, 대표라면, 넘버원이라면 첫 말뚝을 박는 방법은 주도권을 과시하는 전략으로도 훌륭하다. 특히 당신의 말이 '토론의 장'을 열기 위한 개막의 종소리라면 더욱 효과가 크다. 은근 슬쩍 다른 사람들의 의견은 어떤지 정말 궁금하다는 식의 표현을 덧붙인다면 금상첨화가 될 것이다.

이제부터 이곳에서 벌어지는 광경은 자유롭게 의견을 개진하는 토론의 장이 아니라 이미 박힌 말뚝 주위를 맴도는 춤판이 될 것이다.

부하직원이 달리 무엇을 하겠는가? 상사의 의견에 반박을 하겠는가? 상사의 논리를 패대기치겠는가? 그런 춤판의 경험이 많은 상사라면 토론을 인상적으로 이끌기 위해 반박을 조장하기도 할 것이다. 하지만 어쨌든 모든 문제가 풀리고 토론이 끝나고 나면 결국 남는 것은 '일치된 결정'일 것이다.

'말뚝박기'에 대한 대응전략

이제 당신이 상대편이라면 이 게임에서 어떤 태도를 취하겠는가? 상대가 나보다 먼저 출발을 해서 말뚝을 박아버렸다. 절대 물릴 수가 없다.

그렇다고 너무 실망하지 마라. 먼저 출발했다고 해서 반드시 승리한다는 보장은 없다. 진짜 우두머리는 토론의 싸움터에 미리 머리를 들이밀지 않는 법이다. 중요한 것은 **상대를 추월할 수 있을 정도로 더 많은 것을 해야 한다**는 것이다. 더 좋은 논리를 들이대어 상대를 반박하고 상대를 웃음거리로 만들어야 하며, 더 많은 양의 권력을 흩뿌려야 한다. 하지만 상대가 상사이거나 같은 급의 적수라면 이는 결코 만만치 않은 일이다.

그래서 생각한 아주 교묘한 트릭이 하나 있다. 권력의 장에서 자꾸 뒤로 밀려나는 느낌이 들거든 '결정을 미루게끔 하는 것'이다. 두 가지 이유가 가장 잘 먹힌다. '중요한 정보가 빠졌거나 부족하다'고 주장하거나 '오늘 이 자리에 참석하지 않은 사람들을 결정에 포함시켜야 한다'고 주장하는 것이다. 어쨌든 중요한 것은 지금 결정이 나지 않도록 방해하는 것이다. 그래 놓고 다음번에 먼저 선수를 쳐서 말뚝을 박아버린다. 상대가 항의를 하거든 지난번에는 그쪽이 먼저 선수를 쳤으니 이번에는 내가 시작하는 것이 공평하지 않겠냐는 논리로 맞서면 된다.

질문 방식의 묘를 살려라

"질문을 하는 사람은 대답을 얻는다."

-베르톨트 브레히트

〈노자가 망명길에 도덕경을 쓰게 된 경위에 대한 전설〉

질문을 하는 쪽이 리드한다는 말이 있지만 중요한 것은 질문의 방식이다. 형사 콜롬보가 지나가듯 던지는 질문을 한번 떠올려보라. 상대를 추켜세우는 것 같지만 실은 자기 실속을 차리고 있다. 직장에서도 마찬가지다. 아랫사람이 흥미로운 질문으로 불안을 조장하고 주도권을 쥔 사람에게 발언을 강요하는 경우도 있지 않은가.

상대를 띄워주는 질문

질문을 받는 쪽의 가치를 높여주는 질문이 있다. 예를 들어 한 동료가 당신에게 이렇게 묻는다.

"이번에 새로 도입한 회계 시스템은 어떻게 사용하는 겁니까?"

그러면 당신은 상대보다 우월한 전문 지식을 활용하여 그에게 설명을 해 준다. 이 상황에서 주도권을 쥔 사람은 당연히 당신이다. 당신이 '문의를 받는' 사람이고, 그를 통해 의미와 권력을 얻게 된다. 이런 질문이 상대의 가치를 얼마나 격상시킬 수 있는지는 실험으로도 확인됐다.

여러 사람이 모인 자리에서는 계속해서 질문을 받는 사람이 주도권을 장악한다. 반대로 아무도 궁금해하지 않는 사람은 꿔다 놓은 보릿자루처럼 구석에 처박히게 된다. 그래서 가장 중요한 인물이 질문을 덜 받는 상황이 벌어지면 자동적으로 사람들이 그를 의식하게 되고 의도적으로 질문을 던지게 되는 것이다.

"대표에게 질문을 …"

한 기업의 중역 회의 자리이다. 경험 많은 영업부 부장이 사회를 맡았다. 오늘은 이상하게도 대부분의 질문이 인사부 부장에게 쏠린다. 인사부 부장이 터져 나오는 웃음을 참지 못하고 연신 싱글벙글이다. 반대로 사장의 얼굴에는 불안의 기색이 역력하다. 사회를 맡은 영업부 부장이 얼른 눈치채고 인사부 부장에게 들어온 질문을 낚아채서 사장에게 돌린다. 그제야 사장은 숨을 들이쉬며 긴 대답을 준비한다.

전문 지식이나 판단의 능력을 요구하는 질문만 상대의 가치를 높이는 것은 아니다. 상대의 가치를 높이는 가장 대표적인 질문으로 "어쩌면 좋을까요?" 같은 류의 질문들이 있다. 질문을 던진 쪽이 정말로 어찌할 바를 몰라서 물은 것일 수도 있고, 상대에게 책임이 있기 때문에 물은 것일 수도 있다. 어쨌든 질문을 받은 쪽은 이제 해결책을 던져주어야 하고, 그와 더불어 권력을 행사할 수 있다.

허락을 구하는 질문 역시 같은 범주에 속한다. 이 경우는 '아랫사람'이 이미 해결책을 마련해 놓고 책임의 일부도 나누지만, 결국 질문을 받는 쪽이 주 책임자이기 때문에 답을 구하는 상황이다.

이런 질문들은 모두가 질문 받는 쪽을 중요한 인물, 지금 상황에서 가장 필요한 인물로 만든다. 누구도 그를 피해갈 수 없다. 질문 받은 쪽은 자신의 중요성을 증명하기 위해 직접 움직여야 할 필요도 없다. 다른 사람들이 질문을 들고 그에게 리더의 역할을 넘겨줄 테니 말이다.

까다로운 질문

이런 질문일수록 대환영이다. 내게 주도권을 선사할 질문들이니 말이다. 문제는 **'내가 이 질문들에 대답을 잘해야 한다'**는 점이다. 그리고 이는 쉬운 일이 아니다. 질문이 까다로울수록 나는 더 많은 정보를 제공하고 더 많은 책임을 져야 한다. 권력을 지향한다면 일정 정도 위험을 감수해야 할 지점이다. 난관이 발생하거나 내가 대답을 잘못할 경우, 그 대답이 바로 나의 목을 죌 수 있기 때문이다. 특정 프로젝트가 실패한다면, 내 고객이 잘못된 정보로 손실을 입거나 내 동료가 사기꾼에게 걸려든다면 그건 다 내 책임이다. 당시 내가 그러라고 대답을 했으니까 말이다.

이로 인해 딜레마가 생긴다. 한편으로는 해 줄 수 있는 대답의 숫자가 늘어나면 권력과 중요도가 증가한다. 대답이 구체적이고 이해하기 쉬울수록, 또 정중할수록 나의 권력과 가치도 더 커진다. 문제는 내 입에서 나온 대답이 부메랑이 되어 나에게 불이익을 안겨줄 수도 있다는 데 있다. 당신은 크게 걱정할 일이 아니라고 생각할 수도 있겠다. '정확한 답을 모르면 입을 다물어버리면 되지!' 이렇게 생각할지도 모르겠다. 하지만 권력이 커질수록 아무렇게나 대답을 하거나 대답을 회피할 수 없는 법이다. 그 사안에 관해 결정권이 있는 사람이 당신이다 보니 세세한 부분까지 모르는 일에도 정보를 제공할 수밖에 없다.

설사 세세한 부분은 그 부분을 담당하는 '내 사람들'에게 맡긴다고 해도 상황은 마찬가지다. 그들 역시 같은 문제에 봉착한다. 그들 역시 전부 다 아는 건 아니니까 말이다.

서로 상충되는 부분이 있고, 앞뒤가 안 맞는 경우도 있고, 의견 충돌이 일어날 수도 있으며 예측 불가능한 사태가 발생할 수도 있다. 이를 간단명료하게 요약해야 한다. 그런 뒤 옳은 결정을 내려야 한다.

그런데 결정권자가 자기 소관이 아니라거나 자기는 모르겠다고 한다면 그건 곧 자신에게 아무 힘이 없다는 고백과 다름 없다. '솔직'해서 좋다고 칭찬해 줄 사람도 있지 않을까? 그렇게 상상한다면 당신은 틀려도 한참 틀렸다.

"내 회사지만 나도 몰라요"

위기에 처한 한 미디어 기업. 정리해고를 단행하고 근로 조건을 악화시키며 직원들에게 희생을 요구할 수밖에 없는 상황이다. 노사 협의 시간 한 기자가 기업 대표에게 묻는다.

"이번에 저희가 희생하면 더 이상의 인력 감축은 없다고 약속하실 수 있습니까?"

대표는 어깨를 으쓱한다. 기자가 한발 물러나 제안을 한다. "적어도 2년 안에는 인력 감축을 안 하겠다고 약속해 주십시오."

대표가 입을 연다. "하루가 다르게 변하는 세상입니다. 2년 후에 어떻게 될지 내가 어떻게 알겠어요?" 직원들이 할 말을 잃는다.

헛된 희망을 남발하여 직원들을 속이라는 말이 아니다. 아무리 그래도 위의 대표는 너무 무책임해 보인다. 이렇게 말할 수도 있지 않았을까?

"힘든 시간이 닥칠 겁니다. 오늘 결의한 인력 감축으로 이 위기를 무사히 넘길 수 있기를 간절히 바랍니다. 바로 그런 이유로 지금은 인력 감축이 필요합니다. 이 고비를 잘 넘기고 앞으로 회사가 안정될 수 있도록 모두 힘을 합친다면 당연히 인력 감축의 필요성은 없을 것이고요."

첫 번째 답변은 자기가 대답해야 마땅한 질문을 거부함으로써 매우 형편없는 자도자라는 인상을 남겼다. 두 번째 답변은 대답이 자기 소관임을 인정하였다. 그는 향후 기업의 발전에 대해 정보를 제공해야 할 사람이다. 그래서 나름대로 미래를 예측하고, 추가 인원 감축 가능성을 부인하지는 않지만, 다 같이 노력한다면 더 큰 위기는 피할 수 있다는 희망도 피력한다. 그의 대답에서는 권위의 빛이 비치지만 첫 번째 대답은 전혀 그렇지가 않다.

물론 말에 따른 책임도 잊지 말아야 한다. 두 번째 경우 첫 번째 경우와 달리 자기 말에 대한 책임을 져야 한다. 그의 예측이 빗나가고 희망이 그릇된 것일 수도 있다. 그렇게 된다면 그 말에 책임을 지고 물러나거나 신임도를 잃게 될 것이다. 하지만 다른 대안은 없다. 주도권을 잡으려면 책임을 져야 한다. 또 하나, 두 사람이 경쟁하는 경우라면 책임을 더 많이 떠안는 사람이 주도권을 쥐게 된다.

"위기의 끝은 어디일까?"

매출이 뚝뚝 떨어져 걱정이던 때 두 사람의 전문가에게 언제쯤 위기가 끝날 것 같은지 물었다.

전문가 A는 이렇게 대답했다. "모든 예측은 추측일 뿐입니다. 전체 경제 상황에 달려 있지요. 경기가 살아나면 최고 6개월, 최고

18개월 후에는 이 분야도 다시 기지개를 켤 겁니다."

전문가 B는 이렇게 대답했다. "우리가 분석해 본 바로는 내년 봄이면 조금씩 매출이 되살아날 것으로 기대됩니다. 하지만 위기를 완전히 넘기려면 내년까지는 고생하셔야겠습니다."

이 두 가지 대답을 평가할 때는 질문을 하는 쪽의 기대나, 대답을 하는 쪽의 신임도 등 여러 가지 다른 요인도 중요한 역할을 할 것이다. 하지만 대답 자체만 놓고 본다면 결과는 명확하다. 책임을 지는 쪽의 말이 훨씬 당당하다. 설사 그의 추측이 잘못이라 밝혀진다 해도 지금 이 순간 만큼은 최대한 의심과 불안을 줄여주는 쪽이 주도권을 쟁취한다.

"숫자가 없다면 만들면 되지"

베를린에 많은 아랍인과 터키인들이 있지만, 과일과 채소를 파는 것 외에 다른 생산적 기능을 하지 못한다는 인종차별적 발언으로 논란을 불러일으킨 베를린 주 상원의원 틸로 사라진은 터키인의 70%, 아랍인의 90%가 국가를 거부한다고 주장하였다.

베를린 인구개발 연구소 소장 라이너 클링홀트가 그것은 검증된 결과가 아니라고 반박하자, 사라진은 한 매체와의 인터뷰에서 숫자가 없으면 숫자를 '창조'해야 한다고 우겼다.

"아무도 반박할 수 없으면 무조건 내 평가를 밀고 나가면 됩니다."라는 말과 함께.

거절하기 힘든 질문

그래도 책임은 지고 싶지 않다면 상대의 질문을 거부하거나 회피하거나 무시하는 방법이 있겠다. 이 역시 앞에서 설명한 대로 주도권을 과시하는 입증된 방법들이다. 문제는 앞에서 살펴본 대로 나의 가치를 격상시키는 질문에는 이런 방법을 써먹을 수 없다는 데 있다. 이 질문은 나의 우월함과 의미를 과시할 수 있는 무대요, 연단이다. 그런 무대를 내 발로 차 버린다면 어떻게 주도권을 장악하겠는가.

앞에서 말했듯 나의 가치를 올려주는 질문은 거절하기가 쉽지 않다. 그런데 바로 이 점을 역이용할 수 있다. 당신이 상대에게 판단해달라고, 지식을 전수해달라고 요구했다고 가정해 보자. 상대는 어쩔 수 없이 연단으로 기어 올라가 대답을 해야 한다. 그런데 판단을 내리고 지식을 전수할 만큼 능력이 있는 사람이 아니라면? 연단에 올라가 어쩔 수 없이 무능력한 자신의 정체를 밝혀야 할 것이다.

나를 띄우는 질문

대답을 하는 쪽뿐 아니라 질문을 하는 쪽도 주도권을 장악할 수 있다. 이때 질문은 앞에서 설명한 질문들과 달리 자신의 우월함을 과시하는 도구가 된다. 질문을 던지는 사람이 대답할 사람에게 복종하지 않는다. 질문을 하는 쪽이 상대방을 옭아매는 것이다. 앞에서 설명했던 지시의 전략처럼 상대를 자기 마음대로 조종할 수 있다.

이유는 간단하다. 질문은 대답을 요한다. 따라서 대답이 충분한지, 질문에 맞는 대답인지를 결정하는 쪽은 질문을 던진 사람이다. 대답이 흡족하지 않을 경우 이렇게 다시 질문을 던진다.

"그게 제 질문에 대한 대답인가요?"

그런 재촉을 받으면 대답을 하는 쪽은 더 심한 의무감에 사로잡힌다. 질문하는 쪽에게 복종할 수밖에 없고, 그래서 열등한 위치에 놓이게 된다. 질문하는 쪽의 말을 듣지 않을 경우 비난을 받게 될 것이다.

"아직 제 질문에 대답을 안 하셨는데요."

불신한다는 듯 고개를 젓는 동작으로 그런 재촉의 효과를 더할 수 있다. 누가 주도권을 잡고 있는지 그보다 더 확실한 표현은 없을 것이다.

그렇다면 상대를 띄워주는 질문과 나를 띄우는 질문은 어떤 점에서 차이가 있을까?

무엇보다 형식에서 차이가 난다. '질문의 연출'이라고도 표현할 수 있겠다. (허가를 구하는 질문을 제외하면) 내용면에서는 양쪽의 질문이 똑같을 수 있다. 심지어 한 글자도 틀리지 않고 똑같을 때도 있다. 이렇게 똑같은 질문이 억양과 연출에 따라 전혀 다른 결과를 초래할 수 있다.

앞에서 든 위기 해법의 사례라면 전문가는 위기가 언제 끝날지 예측해달라는 의뢰를 받았기 때문에 우월한 위치에 서게 된다. 의뢰를 한 사람은 판단을 내리고 예측해 줄 전문가를 띄워줄 수밖에 없다.

"호에네스터 씨, 이 분야의 전문가이시니 한 말씀 해 주십시오. 위기가 언제쯤 끝날 것 같습니까?"

반면, 자기 자신을 띄우는 질문의 경우 정반대의 일이 일어난다. 대답을 하는 쪽이 왠지 격하된다.

나를 띄우려면 어쩔 수 없이 상대보다 내가 위에 서야 한다. 자신의 강점을 강조하면 그럴 수 있다. 하지만 질문이란 누군가를 향하는 것이므로 무턱대고 자신의 강점을 강조할 수는 없는 노릇이다. 그래서 나의 강점을 내세우는 대신 상대를 평가절하하는 방법을 사용해야 한다. 물론 너무 강해서는 안 된다. 그러면 질문 자체가 소용없어진다. 대놓고 상대를 무시해서도 안 된다. 살짝 비꼬는 말투면 충분히 원하는 효과를 노릴 수 있다.

"호에네스터 씨, 이 분야를 주름잡는 전문가라고 하시니 위기가 언제쯤 끝날지도 아시겠네요?"

일부러 가짜 타이틀을 붙여주는 것도 방법이다. 박사나 교수가 아닌 상대를 일부러 '박사님, 교수님' 등으로 불러주는 것이다.

거꾸로 다들 박사님이라고 부르는 자리에서 혼자서 '박사님'이라는 호칭을 빼고 부르거나 다정하게 별명으로 상대를 칭하는 것도 하나의 방법이다.

상대의 이름이 생각나지 않는 것처럼 꾸미는 것도 상대에게 모욕감을 안겨준다. 상대에게 "저기…, 성함이…." 하고 묻는 듯한 표정을 짓는다. 비슷한 이름으로 잘못 부르는 것 또한 상대의 존재가 자신에게 대수롭지 않다는 인상을 풍길 수 있다. 혹은 상대가 알고 있는 다른 사람의 이름으로 상대를 불러 당혹스럽게 만든다.

"이름을 부를 가치조차 없다"

전설적인 재즈 클라리넷 연주가 베니 굿맨은 자신이 지휘하던 악단에게는 아주 엄한 우두머리였다. 악단의 피아니스트 조니 괴르니에리에게 그는 계속 '플레처'라고 불렀다. 그의 전임 피아니스트 이름이 플레처 헨더슨이었는데 굿맨이 그를 아주 높이 평가하였던 것이다. 하지만 그 '플레처'라는 호칭은 결코 칭찬이 아니었다. 그것의 의미는 이러했다. '당신은 이름을 기억할 만한 가치도 없는 연주자야! 내 악단에서 호평을 받았던 전임 연주자와는 완전 딴판이지!'

몸짓과 제스처로도 상대를 경시할 수 있다. 예를 들어 질문을 던지면서 상대를 전혀 쳐다보지 않는 것이다. 이를 통해 상대에게 완전히 집중할 마음이 없다는 신호를 보낸다.

'당신이 무슨 말을 하든 안 중요해.'

이런 의미이다. 시선은 서류에 고정시킨 채 상대에게 질문을 던진다는 것은 상대를 무시한다는 확실한 신호이다. 이메일을 검색하거나 스마트폰을 들여다보면서 성의 없이 질문을 던지는 방법도 비슷한 효과를 거둘 수 있다.

"네? 아…, 뭐라고요?"

뷔트겐 씨가 회의실 탁자에 앉아서 휴대전화를 들여다본다.

"아, 호에… 네스트 씨?"

호에네스트 씨가 그를 쳐다보며 대답한다.

"네?"

뷔트겐 씨는 시선을 돌리지 않고 손가락으로 터치 스크린만 만지작거린다.

"언제쯤…." 호에네스트 씨가 말이 끝나기를 기다린다. 기다림의 끝에 돌아온 질문은 무엇일까?

"끝날 것 같습니까?… 이 위기가."

이렇게 보란 듯 상대를 경시하는 것은 사실 좀 가혹한 면이 있다. 그래서 정반대로 질문을 던지면서 상대를 쳐다보는 방법으로 더욱 교묘하게 주도권을 획득할 수 있다.

"아, 호에네스트 씨?"

질문을 하는 쪽이 상대의 눈을 쏘아 본다. 전형적인 주도권의 신호이다. 상대가 못 견디고 시선을 돌리면 효과는 100%다.

"이 위기가 언제쯤 끝날 것이라고 예상하십니까?"

그런 다음 눈길을 돌린다. 정작 상대가 대답할 동안에는 다른 물건을 쳐다보거나 시선을 한곳에 두지 말고 여기저기 훑어본다. 하지만 천장을 쳐다보는 건 안 된다. 너무 강한 경멸과 경시의 표현이 될 것이기 때문이다.

상대를 띄워주는 질문일 때는 전혀 다른 방식이다. 질문을 던지면서 잠깐 상대와 시선을 교환한 후 계속 상대를 보고 있지 않는다. 그러다가 상대가 대답을 시작하면 최대한 오랫동안 상대를 지켜본다.

이 밖에도 질문으로 권력을 장악하는 여러가지 방법이 있다.

1) 나를 언급하라

질문을 할 때 자신을 언급하는 것도 좋은 방법이다.

"호에네스터 씨, 제가 질문이 하나 있는데요."

"제가 아직 이해가 안 되어서 그러는데요. 그 서류는 왜 보내야 하는 겁니까? 의미가 있을까요?"

"저는 주차장 문제가 이미 해결되었다고 생각했는데요. 왜 볼스펠트 씨는 아니라고 주장하는 거죠?"

이런 전략의 의미는 명확하다. 자신을 개입시키면 누가 대답의 수신자인지가 분명해진다. 정보를 원하는 사람은 나다! 그 점을 분명히 밝히는 것이다. 상대는 나를 향해야 하고 나의 욕망을 해결해 주어야 한다. 나를 띄우는 질문에는 항상 지시의 내용이 숨어 있다.

자신의 부족한 지식을 고백하는 셈이 되어 주도권을 잃을 것이라 두려워할 필요는 없다. 현실은 정반대다. 다른 사람에게 정보를 요구하는 것도 주도권의 신호니까 말이다.

"도대체 어떻게 돌아가는 건지 모르겠어. 그러니까 설명이 필요해!"

이런 의미이다. 그의 말대로 해 줄 수 없으면 이는 대답을 해야 하는 쪽의 책임이다. 그러니 상대는 질문을 던진 사람을 이해시키기 위해 노력해야 한다. 질문을 한 사람이 이해하지 못했다는 신호를 보낸다는 것은 대답하는 사람이 자신의 임무를 다하지 못한 것이 되기 때문이다.

2) 추임새를 곁들인다

상대가 대답을 하는 사이사이 추임새를 곁들인다. 가장 대표적인 신호가 입을 꾹 다물고, "으흠." 하는 것이다. 이 소리는 정말로 많은 뉘앙스를 담을 수 있다. 공감의 신호일 수도 있고, 의혹, 놀람, 불신, 초조함의 표현일 수도 있다. 그중에서도 상대의 대답에 초조함을 드러내기 위해 가장 애용되는 방법이다. 이때 상대는 '서둘러 요점을 말해야 한다'는 압박감을 느끼게 될 것이다. 이런 추임새를 사용함으로써 질문을 하는 사람은 상대가 딴 길로 새지 못하도록 고삐를 죄어 자신이 원하는 방향으로 대화를 유도할 수 있다. 상대를 마음대로 조종할 수 있는 것이다.

또한 재촉하는 듯이 "네, 네, 네.", 짧은 간격을 두고 "아휴, 네. 알겠습니다.", 거칠게 "네, 그건 저도 알고 있고요." 같은 식의 표현도 마찬가지의 효과를 노릴 수 있다.

3) 계속 추궁한다

마지막으로 재차 질문을 던지는 방법이 있겠다. 상대의 첫 대답에 바로 만족하지 않고 계속 '추궁'하는 것이다. 전형적인 질문으로는 이런 것들이 있다.

"언제부터 그랬죠?"

"왜 그렇게 생각해요?"

"왜 나는 여태껏 몰랐지?"

"확실해요?"

"○○ 씨하고 이야기해 봤어요?"

"그러니까 하고 싶은 말이 뭐예요?"

"그래서 이제 어떻게 하겠다는 거죠?"

"왜 지금에야 그런 이야기를 하는 거죠?"

그중에서도 가장 정통적인 질문은 (상대의 대답 중에 마음대로 한 가지 개념을 선택하여) "○○○이 무슨 뜻입니까?"이다. 이 질문은 어떤 상황에도 어울리고 대답하는 사람에 대한 경시를 담고 있으며 (첫 번째 대답이 충분하지 않다는 뜻이므로), 원하는 만큼 반복해서 사용할 수 있기 때문에 인기가 높다. 조금 더 거친 표현으로는 "왜 지금 ○○○라고 하는 거죠?"도 있다.

"그게 무슨 뜻이에요?"

리히터 씨가 세미나를 준비 중인 골드바흐 씨에게 묻는다.

"그래, 진행 상황은 어때요?"

"잘 되어 가고 있습니다. 우리가 기대했던 이상입니다."

"기대라니? 그게 무슨 뜻이에요?"

"스무 명 정도 참석할 것으로 예상했는데 거의 30명이 확실히

등록했거든요."

"거의 확실히? 확실하다는 겁니까, 추측하는 겁니까?"

상대의 대답이 필요한 모든 정보를 이미 갖추었다고 해도 그건 중요하지 않다. 이 추궁의 방법은 주도권이 질문하는 쪽에 있다는 사실을 보여주는 데 의미가 있다. 그러므로 상대의 대답이 완벽해도 적어도 한 번은 재질문을 통해 자신의 주도권을 확인시켜야 한다.

무례한 질문에 대한 대응전략

하지만 설사 내가 상대보다 낮은 지위에 있다 해도 상대가 하는 짓을 다 당하고만 있을 이유는 없다. 특히 인격 모독이나 경멸에 대해서는 무조건 감수해야 할 이유가 없는 것이다. 주도권을 쥔 상대가 나에게 독설을 날릴 때는 이렇게 직접 대응할 수 있다.

"왜 저한테 그런 말씀을 하시는 거죠?"

"부하직원이라고 그렇게 함부로 대하셔도 되는 겁니까?"

상대의 권력이 너무 세서 감히 대응할 수 없는 경우에는 이런 방법을 써먹을 수 없다. 그냥 꾹 참고 지나가기를 기다릴 수밖에 없다. 무시하는 말이라도 견디는 편이 낫다. 그래도 조금이나마 체면 유지를 하고 싶거든 모욕적인 상대의 말을 알아듣지 못했다는 (알아듣고 싶지 않다는) 표정으로 우아하게 이렇게 말한다.

"죄송하지만, 방금 뭐라고 하셨습니까?"

상대가 화가 나서 방금 했던 말을 다시 반복한다 해도 어쨌든 기분 나쁘다는 표현은 한 것이고 나름대로 저항은 한 셈이다. 이 방법의 효과를 무시하지 마라.

상대가 당신을 쳐다보지 않고 질문을 던지거든 못 들은 척해라. 못 들은 척할 수 없는 상황이라면 아주 간략하게 반응해라. "네." 하고 들었다는 표시를 한 후 더 이상 말을 하지 말고 가만히 있는다. 그러면 상대는 어쩔 수 없이 당신을 쳐다볼 수밖에 없다. 그가 대답을 안 한다고 화를 내거든 솔직하게 말하라.

"바쁘신 것 같아서 기다렸습니다."

주도권을 재탈환하라

'같은 눈높이'의 대결이라면 양상은 달라진다. 조금 더 교묘한 대응전략이 필요하기 때문이다.

상대를 당황하게 만드는 효과적인 방법으로 상대의 질문에 대답 대신 엉뚱한 말을 하는 전략이 있다. 이 맥락에서 상대가 아닌 **'내가 중요하다고 생각하는 대답'**을 하는 것이다. 나의 대답과 상대의 질문의 거리가 멀어질수록 질문을 던진 상대의 주도권은 더 약해질 것이다. 이건 혹시 정치인들이 흔히 쓰는 수법 아니냐고? 맞다. 대답하기 곤란한 질문을 회피하기 위해 정치인들이 자주 쓰는 방법이다. 당신이 그런 정치인들을 보면서 불쾌했던 이유는 오로지 그들이 회피하는 질문의 대답을 듣고 싶었기 때문이다. 당신의 상대도 그런 이유에서 불쾌감을 느낄 것이다.

"늘 하던 방식으로 대답을 했습니다"

독일 수상 앙겔라 메르켈과 그녀의 적수 프랑크 발터 슈타인마이어(독일 사민당 원내 대표이며, 메르켈 정부에서 부통령을 역임한 바 있다)가 TV 토론에서 기자들의 질문을 받았다. 페터 램부르 기자가 수상에게 말했다.

"슈타인마이어 씨가 수상이 되지 말아야 할 이유를 설명해 주십시오." 메르켈이 대답했다.

"이번 대 연정은 저의 지휘 아래 일을 아주 잘했다는 평가를 받고 있습니다…." 이런 식으로 몇 마디가 더 이어지자 참지 못한 램부르 기자가 다시 질문을 던졌다.

"제가 알고 싶은 것은 왜 슈타인마이어 씨를 수상으로 선출하지 말아야 하는지 그 이유입니다." 메르켈이 웃으면서 대답했다.

"저는 늘 하던 방식으로 그 질문에 대답을 드렸습니다."

질문을 거부하고 돌리고 짓뭉갠다

이 방법은 단점이 하나 있다. 질문한 사람이 상대가 자신의 질문에 제대로 대답하지 않았다는 사실을 눈치채지 못할 수가 있다. 혹은 알고도 그냥 넘어가 버릴 수 있다. 따라서 보다 확실하게 상대의 질문에 거부 의사를 표할 필요가 있다.

적절한 대답으로는 "현재로서는 적합하지 않은 질문이군요.", "질문이 틀렸습니다." 혹은 조금 더 정중하게 "저는 그 질문에 답할 말이 없습니다." 등의 표현이 있다.

이런 식의 대답 중에서 가장 우아한 대답은 신경의학자 버나드 바스가 인터뷰에서 한 말이다.

"흥미로운 질문이군요. 저는 답변을 하지 않겠습니다."

하지만 이런 식의 대답은 대화를 가로막는다는 단점이 있다.

그래서 그보다 조금 더 나은 해결책으로 자신이 보기에 중요한 지점으로 대화를 우회하는 방법이 있다. 하지만 첫 번째(메르켈 수상의) 방법과 달리 말없이 슬쩍 넘어가는 것이 아니라 자신이 지금 다른 이야기를 하고 있다는, 다시 말해 '사건의 핵심'을 말하고 있다는 사실을 명백히 밝힌다. 예를 들면 이런 식이다.

"그게 핵심이 아니죠. 문제는 ○○○이라고 생각되는데요."

"우리 지금 무슨 이야기를 하고 있는 거지요? (말도 안 되는 사소한 지점을 꺼내서)○○○에 대해 말하는 건가요? 제가 보기엔 훨씬 더 중요한 문제가 있는 것 같은데요."

이보다 조금 더 과감한 방법은 상대의 질문을 그 안에 든 경시의 의미까지 짓뭉개버리는 것이다.

"그런 식의 말씀은 마음에 안 드는데요. 저한테 그렇게 말씀하실 자격이 없는 것 같습니다."

물론 이런 식의 반응은 상대의 질문이 누가 보아도 지나칠 때만 정당성을 얻는다. 안 그러면 괜히 과민반응을 보이는 우스운 사람이 되기 쉽다.

가정의 질문 & 유도의 질문

주도권에 대해 이야기할 때는 이 두 가지 질문 형식을 무시할 수 없다. 평은 그리 좋지 않지만 인기는 식지 않는 전략이니까 말이다. 이름하여 '가정의 질문과 유도의 질문'이다. 이 두 질문은 상대가 즉각 사실을 간파하지 못하고 속아 넘어갈 때 특히 효과가 크다. 그리고 사실 열심히 대화를 나누다 보면 속아 넘어가기 십상이다.

먼저 '가정의 질문'을 살펴보자. 어떤 의미에서 모든 질문은 '가정의 질문'이다. 현실에 대한 특정한 가정이 포함되어 있기 때문이다. 앞 장의 예를 다시 한번 살펴보자.

"호에네스터 씨, 이 분야의 전문가이시니 한 말씀해 주십시오. 위기가 언제쯤 끝날 것 같습니까?"

이 질문에는 다음의 가정들이 숨어 있다.

- 호에네스터 씨는 이 분야에 매우 정통하다.
- 그의 말은 특별한 비중이 있다.
- 다양한 기업을 한 단위로 총칭할 수 있는 '분야'라는 것이 존재한다.
- 이 분야에 지금 위기가 닥쳤다.
- 그 위기는 언젠가 끝이 날 것이고 경기가 다시 살아날 것이다.

이제 이 여러 가지 가정에 의문을 제기할 수 있겠다. 호에네스터 씨는 전문가가 아닐 수도 있다. 이 분야라는 것도 알고 보니 통칭할 만한 기업이 별로 없을 수도 있다. 이 분야는 현재 전혀 위기에 빠지지 않았다. 이 분야가 거의 고사 직전이기 때문에 위기는 앞으로도 끝나지 않을 것이다. 등등.

호에네스터 씨가 질문에 '정상적으로' 대답한다는 것은 그가 질문한 사람의 여러 가지 가정을 인정한다는 뜻이 된다.

그런데 이와 달리 부정적인 가정을 질문에 포함하게 되면 사정은 전혀 달라진다.

"이 부서의 혼란을 도대체 언제쯤 끝내려고 합니까?"

"인터넷 전략이 참패로 돌아간 이 시점에 왜 협력 파트너를 안 찾는 거지요?"

질문 받은 쪽이 협력 문제에 대해 어떤 발언을 할지는 전혀 상관없다. 질문의 방점은 '부서의 혼란'과 '참패한 인터넷 전략'에 찍혀 있다. 다양한 방법과 형태가 있겠지만 원칙은 항상 동일하다. 질문에 부정적인 가정이 숨어 있는 것이다. 그리고 질문이 효과를 발휘하려면 세 가지를 유의해야 한다.

- 가정은 현실적 배경이 필요하다. 상대에게 실제로 실패한 일이 있어야 한다. 그걸 살짝 부풀려서 상대에게 책임 전가를 하는 것이다.
- 너무 과격한 표현("쪽박을 찼다", "아무 생각이 없다")은 오히려 손해가 된다. 신빙성을 떨어뜨리고 호감을 잃게 만든다.
- 가정의 질문은 관객이 있을 때 특히 효과가 크다.

보통은 상대도 당신의 부정적인 가정을 이미 눈치챘을 것이다. 하지만 그는 속수무책으로 당할 수밖에 없다. 대부분의 사람은 그런 상황에서 충격으로 할 말을 잃거나, 모욕감과 분노를 표출한다. 이 세 가지 반응 모두 질문을 던진 쪽에게 유리하다. 상대가 충격을 받거나 모욕감을 느끼거나 분노해도 당신의 가정은 힘을 잃지 않을 것이기 때문이다. 아무리 분노해도 소용없다. 화를 내면서 상대의 가정을 부인하면 오히려 질문을 던진 쪽에게 또다시 치명적인 유도 질문의 화살을 쏠 계기를 제공할 뿐이다. 바로 이런 화살이다.

"그러니까 그 부서에 아무 문제가 없다고 주장하시는 겁니까?"

"지금 제가 멋대로 상상해서 비난을 한다고 주장하시는 겁니까?"

정반대의 주장으로 상대의 문제점을 더 부풀릴 수 있다. 예를 들어 상대의 부서가 혼란에 빠졌다면 거꾸로 평화로운 이미지로 공략을 하는 것이다.

"그러니까 그 부서가 지금 아무 문제 없이 조용하다는 겁니까?"

상대가 탐욕을 보인다면 거꾸로 상대를 아주 금욕적인 사람으로 추켜세우고, 무능력을 비판하고 싶다면 이렇게 닦달하면 된다.

"그러니까 지금 그쪽이 고도의 전문성을 갖추었다는 주장을 하고 싶은 겁니까?"

마치 비꼬듯이 현실과 너무나도 어긋나는 이미지에 상대는 당연히 그렇다고 대답하지 못할 것이다. 만일 그랬다가는 비현실적인 사람이 될 것이므로 상대의 공격을 어느 정도 수긍하는 수밖에 없다. 결국 그는 기어들어가는 목소리로 "물론 다 잘 되고 있다는 것은 아니지만…."이라고 말할 것이다.

그러면 이제 그의 입지는 약화되고, 질문을 던진 쪽이 주도권을 획득하게 된다.

마법의 유도 질문

유도 질문은 평이 안 좋다. 상당히 비열하다는 인상을 주기 십상이다. 그리고 사실 대처방법도 간단하다. "유도 질문이군요."라는 한 마디면 이미 충분한 대답이 될 테니 말이다.

그럼에도 유도 질문이 엄청난 효과가 있다는 사실은 부인할 수 없다. 잘 써먹기만 한다면 거의 천하무적이다.

성공의 비밀은 상대가 부인할 수 없을 공통점이나 상대가 반박하기 힘든 공동의 이해관계를 거론하는 데 있다. 공동의 가치 체계를 부인하지 않고서는 반박할 수 없는 질문이므로 상대는 어쩔 수 없이 수긍하게 된다. 형식상으로 보면 유도 질문은 '확인'이다.

"○○○를/을 주장하고 싶은 거 아닌가요?"
"○○○에 대해 반박하지 않을 거지요?"

그런 다음 (대부분은 자칭)합의가 따른다. 전략의 핵심은 상대가 이런 사항에 반박할 수 없도록 하는 데 있다. 상대는 아웃사이더가 될지 모른다는 두려움 때문에 입을 다물거나, 유도 질문의 단순한 논리에 비해 굉장히 복잡하게 들릴 설명을 주절주절 늘어놓게 될 것이다.

바로 이 지점을 공략하는 것이 두 번째 형태의 유도 질문이다. 앞의 유도 질문이 공동의 가치를 운운했다면 이번의 유도 질문은 '편리함'을 화두로 삼는다.

상대가 원하는 것은 불편함을 야기하고 쓸데없이 되돌려서 지연시키는 등 복잡한 상황을 일으키려 하는 점을 강조한다.

"그러니까 토론을 처음부터 다시 시작하자는 건가요?"
"지금까지 합의된 사항을 되돌리고 싶으신 겁니까?"
"애써 의견 일치를 봤는데 그게 흡족하지 않다는 겁니까?"

유도 질문 역시 관객이 있으면 효과가 증폭된다. 유도 질문을 던지는 쪽은 관객이 자기편이라고 추정한다. 그가 제기한 점과 공통의 이해관계를 관객도 공유하고 있기 때문이며, 상대에게 책임을 전가한 불편한 상황("토론만 하다가 끝내자는 겁니까?")을 당연히 관객도 싫어할 것이기 때문이다.

또 대부분 유도 질문은 높은 지위의 사람이 아랫사람에게 던지는 것이 보통이다. 지위가 높으면 유도 질문이 실패할 위험도 줄어들기 때문이다. 따라서 거의 대부분의 상대가 그 질문에 저항하지 않는다. 그런 이유에서 유도 질문은 때로 논증을 대신하기도 한다.

스폰서 문제를 두고 토론이 벌어진다. 찬반이 갈려 비판과 이의 제기가 쏟아진다. 찬성 입장인 대표가 한 마디 던진다.

"그러니까 프로젝트를 전부 뒤집어엎자는 겁니까?"

반대 입장의 사람들은 바로 '그렇다'고 하고 싶었지만, 감히 대답하지 못한다. 그리고 더 이상 고집을 부려서는 안 된다는 사실을 깨닫는다. 반대 입장을 굽히지 않으면 대표와 대적해야 할 상황이기 때문이다.

가정 질문과 유도 질문의 대응전략

'가정의 질문'에 대응하는 가장 좋은 방법은 그것이 전부 가정에 불과하다는 사실을 거론하는 것이다.

"○○○라고 하시는데 그건 그냥 추측에 불과합니다."

이어 사건을 바라보는 자신의 시각을 설명한다. 이때 자신의 주장을 약간 상대화하는 것도 좋은 방법이다.

"물론 우리가 바라는 대로 다 된 것은 아닙니다. 하지만 그런 프로젝트에서 달리 무엇을 기대하겠습니까?"

마지막으로 마무리 짓는 의미에서 유도 질문을 곁들인다.

"잘못된 부분을 지적하신 당신도 역시 모든 것을 잘한 것은 아니지 않습니까?"

이런 상대화는 질문 받은 쪽이 앞에서 설명한 부풀리기 방법을 사용하여 사태를 정반대 방향으로 몰고 가려고 할 때("그러니까 이보다 더 잘 될 수는 없었다고 생각하시는 겁니까?") 특히 추천하고 싶은 대응전략이다. 따라서 가정의 질문을 받았을 때는 절대로 화를 내면 안 된다. 그러면 자신이 잘 못했다고 시인하는 꼴이 되어 버린다.

1) 소프트와 하드전략

유도 질문에 대응하는 방법은 조금 부드러운 쪽과 강한 쪽, 두 가지로 나눌 수 있다. 부드러운 방법은 그냥 유도 질문이라고 말하기만 하면 된다.

"지금 하신 질문은 유도 질문이군요."

상대가 나보다 윗사람이라면 이 말을 할 때 선의의 미소를 지으라고 권하고 싶다. 그런 뒤 아무 일도 없었던 것처럼 자신의 논리를 계속 펼쳐나간다. 혹은 어쩔 줄 모르는 척하면서 말한다.

"그 질문에는 뭐라고 해야 할지… 유도 질문인 것 같아서요."

그리고 하던 말을 계속한다.

"그러니까 제가 하고 싶은 말은…."

이 방법의 장점은 상대에게 저항하거나 화를 돋구지 않고서도 유도 질문을 피해갈 수 있다는 데 있다. 왜 그것이 유도 질문인지 근거를 들지 마라. 장황하게 설명하는 쪽보다는 하던 대로 자신의 논리를 계속 펼치는 편이 훨씬 유리하다. 상대가 "이것이 왜 유도 질문입니까?"라고 걸고넘어질 때만 이유를 설명한다. 상대가 윗사람이라면 '유도 질문인 걸 알겠지만, 지금 당신에게 중요한 것은 ○○○'라고 설명하면 된다.

하드한 방법은 전혀 다르다. 주도권을 넘겨받기 위해 제대로 저항한다. 상대를 직설법으로 공격할 수도 있고, 가정의 질문에서 배운 방법을 사용할 수도 있다. 유도 질문을 던진 사람에게 정반대의 의향이 있는 것이라고 가정하는 것이다.

자, 상대방이 이렇게 유도 질문을 한다면,

"원칙을 다시 토론하자는 건 아니겠지요?"

"바로 그겁니다. 그걸 하자는 겁니다. 대화를 지켜보고 있으니 원칙이 시급하다는 생각이 드는군요. 우리 토론이 수박 겉핥기니 원칙부터 정해야 하지 않겠습니까?"

2) 역질문

때로는 창끝을 돌려 역질문으로 대응할 수 있다. 바로 위의 사례라면 이런 것이 적절한 역질문이겠다.

"원칙이라니요, 그게 무슨 말씀입니까?"

유도 질문은 이런 질문에 대부분 무너지게 되어 있다.

조금 더 공격적으로 대응하는 방법도 있다. 이 방법은 여러 가지 상황에서 적용이 가능하다.

"왜 그런 질문을 하시는 거지요?"

"어떻게 그런 생각을 하셨죠?"

가정의 질문인 경우,

"어디서 그런 소리를 들었나요?"

하지만 역질문은 한계가 있다. 너무 자주 사용하면 안 된다. 회피하는 듯한 인상을 주고 거만해 보일 수 있다. 특히 상대의 질문이 '타당한' 경우 역질문으로 대답하면 나쁜 인상을 준다.

분노하라

"누구든지 화를 낼 수 있다. 그것은 쉬운 일이다.
그러나 올바른 대상에게, 올바른 정도로, 올바른 시간에,
올바른 목적으로, 올바른 방식으로, 화를 내는 것은 쉬운 일이 아니다."
–아리스토텔레스

화를 내는 사람에겐 논리가 없다. '자제력을 잃는다는 것'은 '약하다'는, '실패했다'는 증거다. 따라서 리더가 되고 싶으면, 주도권을 잡고 싶으면 자신의 분노부터 잡아야 한다.

이는 옳은 말이지만 모두가 진실은 아니다. 책상을 주먹으로 내리치고 부하직원들과 동료들을 닦달하는 사람이 반드시 약하고 무능한 것은 아니기 때문이다. 오히려 이런 방식으로 자신의 주도권을 과시하기도 하고, 순식간에 잃어버린 주도권을 되찾기도 한다.

'폭발한' 사람은 대화를 나눌 수 없는 사람이다. 모든 사람을 지시받는 사람으로 격하시켜 버리지만, 아무도 그에게 감히 맞설 엄두를 내지 못한다.

미시건 대학교의 사회심리학자 브래드 버시맨은 '적절한 정도의 화는 명성을 높여줄 수 있다'는 연구 결과를 발표하였다. 가끔씩 책상을 내려치는 사람이 제 뜻을 관철시킨다는 것이다. 나아가 강하고 용감하다는 인상을 심어준다. 이런 주장은 스탠퍼드 대학교의 여성 심리학자 라리사 티덴스의 연구 결과로도 입증된 바 있다. 그녀에 따르면 화를 밖으로 표출하는 사람들이 '강하고 현명하다'는 평을 받을 뿐 아니라 – 그들의 화가 우리 눈에 정당할 경우 – '정의감이 넘친다'는 평가를 받는다고 한다.

이런 주장이 우리 마음에 들지 않을 수 있다. 화를 잘 내는 사람들은 그 화를 참고 견뎌야 하는 주변 사람들에게 깊은 모욕감을 주기 때문이다. 서로를 존경하던 사이가 악화될 수도 있고, 상처가 너무 깊어 충성스럽던 부하직원이 마음의 문을 닫거나 사표를 던질 수도 있다.

그럼에도 화는 상황에 따라 존경을 선사할 수 있다. 중요한 것은 **'그런 감정의 폭발이 어떻게 일어나는지, 어떤 상황에서 등장하는지, 어떻게 진행되는지'** 하는 것이다.

분노에도 전략이 있다

쉽게 화를 내는 사람은 주도권을 잡을 수 없다. 독일 전 수상 헬무트 콜이나 FC 바이에른 뮌헨 단장 울리 회네스 같은 유명한 지도자들은 화를 낼 때 사전에 정확하게 계산한다. 회네스는 사람들이 많은 곳에서 화를 내지만, 슈미트는 대부분 문을 닫은 후에 분노를 폭발했다고 한다. 하지만 두 사람의 분노에는 명확한 목표가 있었다. 특정한 행동 혹은 특정한 의견은 절대로 수용할 수 없다는 점을 분명히 한 것이다.

분노를 드러낼 때는 시끄럽되 상처를 주어서는 안 된다. 전략적으로 화를 내는 사람들은 요란스럽게 흥분하며 길길이 날뛰기는 하지만, 절대로 사람을 비판하거나 인격을 모독하지 않는다. **소리는 크지만, 내용은 절제적이다.** 그리고 바로 그 점을 통해 효과를 낸다.

다시 한번 강조한다. 반칙은 반드시 문제를 몰고 온다. 개인적 비판, 인격적 모독은 오랫동안 잊히지 않고, 또 기회만 있으면 반드시 대갚음해 주고 말겠다는 복수심을 불러일으킨다. 신문에서 옛일을 잊지 않고 복수를 했다는 기사가 심심찮게 등장하는 이유이다.

따라서 전략적으로 화를 내려면 절대 공개적으로 망신을 주어서는 안 된다. 문을 닫고 둘이 있는 자리가 아니라면 함부로 분노를 폭발하지 마라. 모욕을 준 내용이 밖으로 소문이 나게 해서도 안 된다. 그렇게 되면 양쪽 모두에게 손해이다. 당한 쪽은 가여운 피해자가 될 테고, 화를 낸 쪽은 미쳐 날뛰는 독재자가 될 테니 말이다. 둘 다 바람직한 모습은 아니다.

어쩔 수 없이 공개적으로 화를 내야 할 때는 내용보다는 소리를 키우는 방법을 택해야 한다. 그런 점에서 울리 회네스는 매우 모범적인 인물이다.

바이에른 뮌헨 연례회의에서 울리 회네스가 흥분하여 펄펄 날뛰면서 팬들을 공격했다. 그런데 그가 하는 말을 잘 들어보면 그는 절대로 팬들을 모욕하지 않았다. 중간중간 과격한 표현을 쓰기는 했지만, 자신이나 이사진과 관련된 표현만 사용했을 뿐 절대 팬들을 향해 직접적인 공격을 날리지는 않았다. 그런 의미에서 그는 화를 아주 '잘' 내는 인물이다.

자제력을 잃을 때 찾아오는 세 가지 위험

화가 나서 자제력을 잃을 정도가 되면 위험에 닥칠 확률이 매우 높다. 특히 세 가지 위험을 꼽을 수 있겠다.

- 협력해야 할 사람들에게 상처를 입힐 수 있다.
- 화가 나서 펄펄 뛰는 모습이 멋있어 보이는 사람은 없다. 이성을 잃고 합리적 판단을 내리지 못하니 우스꽝스러운 인물로 전락할 것이다. 그런 사람을 존경하기는 쉽지 않다. 적의 공격을 받기도 쉽다.
- 분노가 같은 지위의(혹은 높은 지위의) 인물에게 향할 경우 자칫 궤도를 이탈하여 심각한 결과를 초래할 수 있다.

분노가 예상치 못한 큰 힘을 발휘하는 경우도 있다. 하지만 자제력을 잃으면 이 힘을 조절할 수가 없다. 그래서 분노가 부메랑처럼 되돌아와 자신에게 해를 입힐 수 있다. 화를 내는 바람에 입에 거품을 문 괴물이 되거나 아주 사소한 일도 그냥 못 넘어가는 한심한 인물로 전락하는 것이다. 그런 사람하고 같이 일하고 싶은 사람은 없다.

물론 우리 주변을 돌아보면 그런 다혈질들이 리더의 자리를 차지하고 있는 경우가 드물지 않다. 하지만 그들이 그 자리에 앉아 있는 것은 화를 잘 내기 때문이 아니라 화를 잘 냄에도 불구하고 다른 능력이 있기에 그런 위치에 오른 것이다. 어쨌든 그들에겐 사람을 리드할 기본적인 조건, 자기 통제력이 부족하다. 다른 사람을 리드하고 싶다면 우선 분노를 억제하는 법부터 배워야 옳다.

더구나 이런 약점을 이용하는 사람들은 어디든 있기 마련이다. 이들은 당신이 폭발할 때까지 부추기고 자극한다. 특히 사람들이 많이 모이거나 중요한 인물이 있는 자리를 골라서 공격한다. 다른 사람들은 그가 그렇게 자극했다는 사실을 눈치 못 채거나 가벼운 '장난'쯤으로 생각하게끔 교묘하게 조작한다. 더 심한 경우 사전에 미리 약을 올려놓거나 상대가 어떤 지점이 아킬레스건인지 미리 알아둔다.

그러니 다른 사람들은 당신의 분노를 이해하지 못할 것이다. '왜 저러나? 너무 지나친 반응 아닌가?'라며 의심의 눈초리를 보낼 것이다. 그러면 결국 화를 낸 당신은 졸지에 이상한 사람이 되고 만다.

"입 좀 닥치세요"

미세스 아우구스틴이 팀 회의를 열심히 준비했다. 세세한 부분까지 검토를 마쳤고 팀원들의 의견을 충분히 수렴하여 결정했다. 그런데 미스터 쉬크만이 계속 어깃장을 놓으면서 사사건건 발을 걸고넘어진다.

마침내 회의 시간, 또 쉬크만이 미세스 아우구스틴의 제안에 토를 달면서 반대한다. 미세스 아우구스틴의 입에서 자기도 모르게 거친 말이 튀어 나간다.

"입 좀 닥치시지 그래요? 충분히 팀원의 의견을 고려해 결정한 사안이거든요."

팀원들의 얼굴에 당황한 표정이 역력하다. 미세스 아우구스틴이 왜 저러지? 쉬크만이 아킬레스건을 건드리기라도 했나?

주의! 지나친 권력은 독재를 부른다

앞에서 언급한 형태의 분노와 악의의 분노는 차이가 있다. '악의의 분노'는 절대 용인해서는 안 된다. 전략적으로 화를 내는 수준이 아니라 의도적으로 상대를 경멸하고 모욕하고 상대의 품위를 앗으려는 목적을 지니기 때문이다.

어떤 경우든 상사나 동료가 자제력을 잃게 되면 상대는 모욕감을 느끼게 된다. 그런데 이 경우는 자제력을 잃고 길길이 날뛰는 사람 역시도 자신에게 해를 입힌다. 스스로도 엄청난 손해를 감수할 수밖에 없다. 하지만 악의로 화를 내는 사람은 절대 그렇지 않다. 자기한테는 아무 일도 일어나지 않을 것이라는 확신을 가지고 분노를 폭발한다.

보통은 이런 파괴적인 욕망을 맞닥뜨리면 쉬쉬하고 넘어가기 십상이다. 입에 담기도 싫기 때문이다. 그런데 설문 조사 결과 이런 형태의 분노가 드물지 않다는 사실이 드러났다. 업계마다, 국가마다 차이는 있겠지만 그런 식의 모욕을 경험한 사람이 근로자의 1/4에서 1/2에 달한다고 한다. 보통은 상사에게 당하는 경우가 많다.

데보라 그루언버그나 로버트 서튼 같은 사회심리학자들은 권력의 증가가 공감의 축소를 낳는다는 점을 지적한다. 다른 사람을 지배하는 사람은 어쩔 수 없이 독재자로 발전한다는 것이다. 그런데 요점은 자신은 그 사실을 알아차리지 못한다는 것이다.

악의의 분노는 다음과 같은 특징이 있다.

- 갑작스럽게 화를 낸다. 납득할 만한 계기가 없다.
- 사건이 아니라 인물을 향한다. 사람을 경멸하고 욕하고 웃음거리로 만든다.
- 다른 사람들이-자기 뜻과는 상관없이-증인이 되어야 한다.
- 화를 내는 사람이 그 상황을 즐기며 전혀 손해를 입지 않는다. 이들은 자기 권력이 입증되었다는 기분을 느낀다.

위와 같은 사람과 관계를 맺어야 한다면 극도로 조심하라고 권하고 싶다. 최대한 그의 영향권 밖으로 빠져나오도록 애써라. 내가 노력하면 상황이 나아질 것이라고 착각하지 마라. 그런 사람은 당신이 일을 더 잘하기를 바라는 것이 아니다. 당신을 부숴버리고 싶을 뿐이다.

알프레드 던랩과 '헤어스프레이의 날'

'기업 탈취자'로 이름을 날리기 전 알프레드 던랩은 미국 제조기업 선빔의 이사장이었다. 그는 그곳에서 워낙 사납게 욕을 퍼붓고 제멋대로 경영을 하는 바람에 원성을 샀다.

작가 존 번은 직원의 입장에서 당시를 이렇게 회고하였다.

"던랩이 나타나면 무릎이 후들거리고 속이 울렁거렸다. 그는 심할 때 차마 입에 담을 수 없는 욕설을 내뱉었고, 심지어 폭력을 행사하기도 했다. 종이와 가구를 마구 집어 던지며 어찌나 악을 써댔는지 그의 입에서 나온 입김에 경영진의 머리카락이 엉망진창이 될 정도였다. 그래서 그들은 던랩이 폭발하는 날을 '헤어스프레이의 날'이라고 불렀다."

분노에 대한 대응전략

사실 문명인은 함부로 고함을 질러서는 안 된다. 하지만 상대가 미쳐 날뛰는데 이런 원칙을 아무리 호소해 봤자 무슨 소용이 있겠는가. 그럴 땐 최대한 중립적인 자세를 취하고 말을 자제하는 것이, 혹은 아예 입을 다무는 것이 가장 현명한 대처방법이다. 상대의 화가 사그라들 때까지 기다려야 한다. 절대 자신의 입장을 변명하거나 설명하려고 하지 마라. 아무리 옳은 말이라고 해도 상대는 들으려 하지 않을 것이다.

상대가 "그러니까 무슨 생각으로 그랬냔 말이야!"라고 거품을 물며 설명을 요구한다 해도, 아무 말을 하지 않거나 상대의 마음을 진정시키는 말만 몇 마디 던지는 편이 낫다.

논리를 펼치지 말아야 할 이유는 너무나 단순하다. 아리스토텔레스가 나타난다고 해도 말이 통하지 않는다. 화가 사그라들 때까지 기다려라. 그때 입장을 표명해도 늦지 않다.

당신이 실수를 저질렀다면, 상대의 지시를 무시했거나 자기 권한 밖의 일을 했다면 무조건 인정하고 사과하는 것이 좋다. 그면 상황은 금방 진정된다. 감정적으로 거리를 유지한 채 상황을 관찰하라. 대답을 할 때는 간결하게, 객관적으로, 감정을 섞지 말아야 한다.

지금 지하실이 있는 건물에 있다고 상상하라. 당신은 1층에서 상황을 객관적으로 설명하고 있다. 하지만 상대는 그 아래 '분노의 지하실'에서 화를 내며 팔짝팔짝 뛰고 있다. 상대를 거기 혼자 있게 내버려 둬라. 당신이 있는 위층으로 올라오지 못하게 해라. 혼자 놔두면 화는 저절로 식는다.

화가 난 사람은 자기도 모르는 사이 심한 말을 내뱉을 수 있다. 그것을 빌미로 삼아 토론을 벌여서는 안 된다. 자신을 정당화하려고 하지도 말고 화가 난 상대에게 사과를 요구하지도 마라. 상황을 더 악화시킬 뿐이다.

하지만 당하는 사람 입장에서는 상대의 폭발이 모욕적으로 들린다. 특히 다른 사람들이 옆에 있으면 모욕의 효과가 몇 배 더 커진다. 괜히 옆에 있다가 분노의 증인이 된 사람들도 불쾌하기는 마찬가지다. 나아가 끼어들어 중재하지 못하는 자신이 무력하게 느껴질 것이다. 이런 점을 이용해 주변인들에게 자신의 권력을 과시하려는 목적으로 분노를 내뿜는 사람들이 있다.

"너희들, 잘 봐! 내가 어떻게 하는지. 너희 같은 겁쟁이들이 나를 막을 수 있겠어?"

물론 막을 수 있다. 불쾌감을 표현하고 상황에서 빠져나갈 수 있다. 상대가 화를 낼 때는 상대의 분노를 모른 척하지 말고 확실하게 상대의 상황을 알려준다.

"지금 고함을 지르고 계십니다."

이런 말이 거울이 되어 상대가 이성을 되찾을 수 있다. 지금의 행동을 멈출 경우 무엇이든 다 할 각오가 되어 있지만, 지금 이 상태, 그 말투로는 대화하지 않겠다는 점을 밝힌다. 그리고 함께 있는 공간을 나간다. 상대가 즉각 건설적인 대화를 시작할 수 있을 것이라고는 기대할 수 없다. 화가 난 상태이니 말이다. 하지만 무조건 그의 분노를 감수하고 있을 필요는 없다.

방을 나가기 전 한 마디 더 한다.

"화가 가라앉고 정상적으로 대화를 나눌 수 있게 되면 언제라도 전화 주십시오."

당신보다 아랫사람이 화를 내는 경우도 있을 수 있다. 이럴 땐 예민한 감각을 발휘할 필요가 있다. 당연히 상대가 욕을 하거나 날뛰도록 내버려 두어서는 안 된다. 하지만 설사 그렇더라도 그건 대부분 절망에서 나온 행동이다. 무조건 야단을 칠 것이 아니라 객관적으로 배경을 설명해 주려 노력하라. 상대의 말투가 잘못되었다는 점은 그다음에 지적해도 늦지 않다.

회의를 주도하라

"말을 할수록 그 말의 의미가 사라져요."

–장 뤽 고다르, 영화 〈비브르 사 비〉 중에서

'첫 말뚝을 박는다' 편에서도 이미 밝혔듯 회의 시간에 주도권을 쥐는 전략은 근본적으로 두 가지가 있다.

첫째, 제일 먼저 입장을 밝히고 평가를 내려서 그 이후의 대화를 원하는 방향으로 이끄는 방법이다. 앞에서도 언급했듯이 토론에서 출발선을 점령하는 것은 주도권의 기본 원칙이다.

둘째, 반대로 권력자일수록 한 걸음 물러서 있다가 나중에 끝날 무렵쯤 개입하여 주도적으로 결론을 내린다는 사실도 지적한 바 있다. 이유는 간단하다. 처음에 의견을 내놓으면 말뚝을 먼저 박는 효과는 있겠지만, 이후의 발언들이 그 첫 발언을 반박하고 수정하기 위해 혈안이 될 것이다.

권력형 인간에게 그보다 더 불안한 상상은 없다. 더구나 후발주자들이 옳은 말만 늘어놓는다면 어쩔 것인가! 그러니 일단 기다리면서 대화의 방향을 가늠하다가 나중에 매듭을 짓는 편이 훨씬 안전하다.

"이제 할 만큼 했군요"

'프로젝트팀을 만들 것인가를 두고 설전이 벌어진다. 찬반이 팽팽하여 양쪽에서 각종 논리가 쏟아져 나온다. 사장인 케러 씨가 한동안 가만히 지켜보고 있다가 마침내 입을 연다.

"이제 토론은 할 만큼 했다고 생각되는군요. 경청해 보니 프로젝트팀이 쓸모없다는 의견이 지배적입니다. 그러니 이제 찬반 투표를 할 것을 제안합니다. 프로젝트팀이 필요 없다는 의견에 반대하시는 분?"

위로 올라간 팔은 찾을 수가 없다.

이런 식의 결론이 효과를 발휘하지 못하는 경우는 거의 없다. 주제에 대해 지루할 만큼 충분히 이야기를 나눈 마당에 반드시 정확하게 문제를 파악하고 있어야 할 필요도 없다. 어차피 토론은 제자리를 맴돌면서 부수적인 측면과 추측, 개인 의견의 늪에서 길을 잃고 있던 참이었다. 이런 상황에 개입하여 토론의 자체 동력을 자기 쪽으로 활용해야 한다. 반대하는 입장이라 해도 감히 자기 목소리를 낼 수 없게 된다.

하지만 두 가지 규칙을 지켜야 한다.

첫째, 결론이 모두가 납득할 만한 것이어야 한다. 토론이 전혀 딴 방향으로 흘러가고 있는데 자기 의견을 집단의 합의라고 우길 수는 없다. 둘째, 지위가 높을수록, 사장이나 팀장이나 그룹의 대표일수록 성공 확률이 높다는 것. 물론 지위가 같은 동료들 사이에서도 통할 수 있지만, 지위가 낮은 사람이 자기보다 높은 사람들한테 이 방법을 써먹는 건 위험하다. 오히려 상사들을 자극하는 결과를 초래할 수 있다.

인지심리학과 학습심리학에서는 '최근 효과'를 강조한다. 제일 마지막에 들은 내용이 가장 기억에 많이 남는다는 것이다. 특히 수많은 정보가 한꺼번에 몰려와 대부분의 정보가 잊히는 상황에서 최근 효과의 장점은 무시할 수 없다.

주인공은 마지막에 등장하는 법

끊임없이 말을 해대는 참가자들이 있다. 누가 말만 하면 토를 달고 해설을 곁들이면서 중심에 서 있으려고 애쓰는 사람들 말이다. 하지만 이런 '파워 플레이'는 대가가 혹독하다. 너무 많은 에너지가 들고, 너무 많은 호감을 앗아간다. 계속 전면에 나서려는 사람을 좋게 평가할 사람은 많지 않을 테니 말이다. 또 그런 사람이 나대고 있는 토론의 장에 끼어들고 싶은 사람도 없을 것이다. 결과적으로도 그런 독백 같은 회의에서 건설적인 성과가 나올 리 없다.

주도권을 쥔 우두머리가 일단 뒤로 물러나 입을 꾹 다물고 있으면 사정은 달라진다. 아무 말도 하지 않는다고 해서 그의 영향력이 사라지는 건 절대 아니다. 오히려 다른 참가자들이 말을 할 때마다 자기도 모르게 그의 쪽으로 시선을 돌리게 되고 그의 눈치를 보게 된다. 사장님이 이마를 찌푸렸나? 얼굴에 미소가 피어올랐나?

주도권 게임을 잘하는 상사는 말을 아껴 긴장을 높인다. 말이 많은 상사는 부하직원들의 신경을 긁지만, 침묵하는 상사는 부하직원들의 신경을 자기가 원하는 회로로 이끈다. 회의 시작 무렵에는 아예 회의장에 나타나지 않아 효과를 더 높이는 사람들도 있다. '대표가 없는데 어떻게 하지?', '대표도 없이 회의를 시작하라고?', '그건 말도 안 되지!' 모두 어쩔 줄 몰라 하는 순간에 대변인이, 비서가, 대표의 오른손이 등장한다. 그리고 대표님이 조금 있다 오실 것이니 먼저 시작하라는 말을 전한다. 대변인이 전한 말의 내용은 중요하지 않다. 그는 그저 회의를 시작하라는 말을 했을 뿐이다. 바로 여기에 권력의 핵심이 있다. 권력의 의미는 권력의 부재를 통해 느낄 수 있는 것이다.

마침내 대표가 등장한다. 규모가 큰 행사라면 한 번 더 막간극을 연출할 수도 있다. 뒷줄이나 옆줄, 참가자들에게서 멀찍이 떨어져서 사람들이 그를 쳐다보건 말건 모르는 척 앉아 있는 것이다. 노트북을 펼쳐놓고 이메일을 들여다보며 참가자들을 더욱 감질나게 만들 수도 있다.

주도권을 쥔 대표는 최대한 중립적인 표정으로 토론의 진행을 지켜본다. 그러면서 전체 분위기와 돌아가는 사정을 파악한다. '갈등의 전선이 어디인가?', '누가 누구에게 반대하는가?', '그 이유는 무엇인가?' 그의 앞이라 다들 어느 정도는 연극을 하겠지만, 그럼에도 대표 자신이 직접 핸들을 잡고 방향을 지시하는 것보다는 훨씬 많은 사실을 파악할 수 있다.

사실 다른 참가자들이 모두 발언을 끝낸 후에 자신의 의견을 표명해도 되는 사람은 그 역할에 매우 감사해야 한다. 미리 발언을 하거나 입장을 정해야 할 필요가 없기 때문에 자기 입장의 근거를 더 멋지게 제시할 수 있다. 다른 사람들이 이미 가지고 있는 탄알을 다 써버렸기 때문에 갑자기 생각지 못했던 논리가 튀어나올지 모른다는 두려움을 느낄 필요도 없다. 또 마지막으로 발언을 하게 되니 그룹의 합의점을 선포하는 모양새가 된다. 결국은 지금까지의 토론 내용이 그의 판단에 흘러 들어갔을 것이다. 적어도 겉으로는 그래 보인다.

'닻 내리기 효과' 혹은 '최근 효과'

어떤 전략이 주도권 쟁탈전에서 더 잘 먹힐까? '첫 말뚝을 박다' 편에서 본 '닻 내리기 효과'일까? 아니면 '최근 효과'일까? 이는 결정의 종류와 목표에 따라 다르다.

예를 들어 액수나 판단이 걸린 사안이라면 '닻 내리기 효과'가 더 잘 먹힌다. 먼저 발언권을 쥔 쪽이 유리하다. 물론 원하는 토론의 결과를 정확히 예상하고 있다는 전제 조건하에서다.

반대로 틀이 이미 정해진 경우가 있다. 정해진 틀 안에서 찬반 논쟁이 벌어지고, 참가자들 사이에 의견이 갈리고 결국 투표를 통해 공동의 결정을 내려야 한다. 이럴 때는 '최근 효과'가 훨씬 잘 먹힌다. 일단 잠자코 자기 의견을 만들어서 시간이 흐른 후에 발언권을 쟁취하는 것이다.

'닻 내리기 효과'는 무의식적으로도 영향을 미칠 수 있는 반면, '최근 효과'는 주도권을 더 강하게 만드는 효과가 있다. 조금 과장해서 표현한다면 아무도 눈치채지 못하게 결정에 영향을 미치고 싶거든 '닻 내리기 효과'를 쓰고, 원래 의미의 주도권을 잡고 싶다면 '최근 효과'를 쓰는 것이 좋다.

평가하고 요약하는 위치의 선점

보통 지위가 낮은 사람들은 타인의 아이디어를 도용하거나 선도주자들이 내놓은 의견에 동의를 표하는 것이 보통이다. 하지만 타인의 의견을 평가한다면 사정은 달라진다. 평가는 주도권을 쟁취하는 전략이 될 수 있기 때문이다. 비록 그 평가가 타인에 대한 칭찬 일색이라 하더라도 말이다.

모든 칭찬과 비판에는 어느 정도의 잘난 척이 숨어 있기 마련이다. 칭찬을 하는 사람은 "정말 잘했습니다."라고 말하면서 스스로를 심판관의 지위로 격상시킨다. 마치 자신이 상대의 의견에 대해 판단을 내릴 자격이 있는 사람인 양 말이다.

이런 잘난 척을 언어로 표현할 경우 주도권 확보에 큰 도움이 된다. 그런데 회의 시간에 아랫사람이 윗사람의 의견에 대해 이런 식의 판단을 내릴 경우 약간 당황스러운 일도 벌어진다. 부하직원이 상사에게 '이번에도 올바른 결정을 내렸다'는 점을 재확인하고, 이에 상사가 흐뭇한 미소로 화답을 하는 것이다. 하긴 상사에게 그것 말고 달리 무슨 대안이 있겠는가? 실제 연구조사 결과, 이런 아랫사람의 아첨형 칭찬에도 우리는 너무 쉽게 걸려든다고 한다. 상대의 내심이 훤히 들여다보이고, 그래서 은근히 그런 상대를 경멸하지만, 그래도 칭찬은 달콤한 법이다.

인간은 칭찬과 찬사를 먹고 자란다. 높은 사람들도 그렇다. 아니, 높은 지위에 있을수록 위에서 칭찬을 해 줄 사람의 숫자가 줄어들기에 더더욱 칭찬에 마음이 약해진다.

물론 주도권을 장악하기 위한 칭찬은 아첨꾼의 칭찬과는 다르다. 아랫사람의 칭찬이 약간 조심스럽고 일관성이 없는 반면, 주도권을 추구하는 칭찬은 단호하고 명확하다. 한마디로 자기 뜻대로이다. 누가 봐도 당연한 일, 일반적인 합의를 볼 수 있는 일, 공식적인 평가에 맞는 일만 칭찬하는 사람은 눈에 띄지 못한다. 달인에겐 자기 노선이 있는 법이다.

"젊은 친구는 고삐를 쥐야 해요"

유럽 챔피언스 리그에서 바이에른 뮌헨이 세르비아의 벨그라드 붉은 별과 경기를 하여 3:2로 승리를 거두었다. 결과는 사실 놀라운 일이 아니었다. 하지만 지금까지 전혀 이름이 알려지지 않던 한 선수가 주목을 끌었다. 17세의 토니 크로스로, 1골을 넣었고 1골을 어시스턴트했다. 그런데 '매치 위너' 토니 크로스에 대해 할 말이 있냐는 한 리포터의 질문에 울리 회네스는 눈을 가늘게 뜨고 되물었다.

"뭐라고요? 오늘 매치 위너가 누군지 압니까? 루치오예요. 당연하지, 그가 최고였으니까. 그… 토니 크로스가 아니라. 토니 크로스는 그냥 두세요. 젊은 애를 너무 띄우면 안 좋아요." 흥분한 그가 다시 한 마디 덧붙였다.

"젊은 애들은 고삐를 쥐야 해요. 그렇죠?"

평가절하하라, 하지만 올바르게

언뜻 보면 부정적인 평가로 주도권을 장악하는 편이 훨씬 수월할 것 같다. 타인의 결점을 지적하는 사람은 상대보다 위에 서 있는 것 같기 때문이다. 그래서 겁 없이 듣기 싫은 말을 함부로 내뱉는다. 실제로 어떤 집단에서 혼자 다른 사람들을 경시하는 사람이 있으면 그 사람이 주도권을 쥔 경우가 많다.

하지만 비판만으로는 우두머리가 되지 못한다. 잘못하다가는 외톨이가 될 수도 있다. 무엇보다 두 가지 위험 때문이다.

- 비판만 하는 사람은 분위기를 어둡게 만든다. '건설적'이지 않고 만사를 나쁘게 만들기 때문이다.
- 경쟁자의 업무 결과를 깔아뭉개는 사람은 자기 혼자 득을 보자고 그런 짓을 한다는 의심을 받기 쉽다.

따라서 상대에 대한 비판을 주도권에 이용하려면 트집 잡는 사람이라는 인상을 주어서도 안 되고, 전략적으로 비판을 이용한다는 느낌을 풍겨서도 안 된다.

부정적인 평가가 특별한 무게를 얻으려면 원래는 긍정적인 사람이라는 인상을 심어주어야 한다.

"세상에 좋은 것은 넘치는데 당신의 이 아이디어만은 쓸모가 없다."

이런 의미의 비판이 되어야 한다.

경쟁자를 비판하는 것은 껄끄러운 일이지만 주도권을 쥔 사람이라면 피할 수 없는 일이기도 하다. 사실 그가 하지 않으면 할 사람도 없다. 하지만 결점을 지적할 때는 그 지점을 정확하게 공략해야 한다. 모두가 납득할 수 있을 때 다른 사람들도 고개를 끄덕이게 될 것이다. 나아가 다른 사람들도 비판 훈련을 할 수 있는 반가운 기회라고 생각하여 동참하게 될 것이다. 누군가는 먼저 시작을 해야 하니까.

"그 말이 무슨 뜻인지 아세요?"

동료 클라인딘스트 씨가 조용히 다가와서 말을 건다.

"바이헤르트 씨, 아까 쓰신 개념이 맘에 걸려서요." 바이헤르트가 영문을 몰라 묻는다. "네?"

"어떤 개념인지 짐작이 가십니까?" 클라인딘스트가 물었지만 바이헤르츠는 이마만 찌푸린다. "아니요." 이쯤에서 클라인딘스트가 고삐를 죈다.

"내근직 직원들을 '책상머리 샌님들'이라고 부르셨잖습니까. 그 말이 무슨 뜻인지 아세요?"

화내지 마세요

주도권을 잡기 위한 비판이 반드시 무례할 이유는 없다. 효과 있는 전략은 오히려 상대에게 해를 끼치지 않는 것 같아 보인다. 비판을 하기 전에 일단 상대의 마음을 어루만지는 말로 미리 포석을 깐다.

"화내지 마세요."

걱정스러운 표정까지 곁들이면 금상첨화다. 하지만 절대 이 말에 속지 마라. 그런 말은 명확한 주도권의 신호이다. '화내지 마라'는 부탁을 곁들인 채 상대의 약한 지점을 공략하는 사람은 상대의 머리에 침을 뱉는 것과 같다.

'화내지 마라'는 말은 비판을 받는 사람이 평소 객관적이지 못하고 화를 잘 내며 위험한 인물이라는 가정이 바탕이 된 것이다. '금연' 표지가 필요한 곳은 그 표지가 없다면 사람들이 거리낌 없이 담배를 피우는 장소뿐이다. 그러므로 그런 친절한 부탁에는 단호한 대응이 필요하다. 사소한 비판이라면 "왜 제가 화를 낼 거라고 생각하셨나요?" 정도로 넘어간다. 비판이 부당하고 객관적이지 않거나 과도할 경우에는 이렇게 단호하게 말한다.

"그런 비판은 받아들일 수가 없겠군요."

계속해서 토론 내용을 요약하라

요약은 원래 사회자의 의무이다. 대화가 중단되거나 제자리를 맴돌 때 사회자가 나서서 지금까지 토론된 내용을 짧게 요약하고 좌중을 향해 이렇게 묻는다.

"아직 논의가 안 된 부분이 있을까요?"

사회자가 없는 회의장에선 주도권을 장악하고 싶은 참가자들이 사회자의 임무를 맡는다. 위태로운 지점마다 토론 내용을 요약, 정리하는 사람이 집단 내부에서 큰 비중을 차지하기 때문이다. 지위가 높은 집단 구성원들도 함부로 할 수 없는 힘의 중심이 바로 사회자 역할을 하는 사람에게로 모인다. 사회자가 토론에 참가하지 않고 중립을 유지해야 하는 이유도 그 때문이다. 그래서 사회자에겐 발언권과 투표권이 없다. 하지만 집단의 다른 구성원이 그 임무를 맡게 되면 그는 동시에 집단의 대변인 역할도 맡게 된다.

물론 나머지 구성원들의 인정이 필요하다. 자기 임무에 충실하고, 토론을 적절하게 정리할 줄 알며, 어떤 논거도 함부로 배제시키지 않는 사람이라는 인정 말이다.

위에서 설명한 사회자의 임무를 맡아 자신의 신분을 격상시키고 전체 집단을 지배하려면 집단 전체의 합의를 이끌어내려고 노력하는 사람이 훨씬 유리하다. 집단을 나누고 편을 가르는 성향의 사람에겐 이 방법이 적절하지 않다.

연설 시간을 질질 끌어라

주도권을 쥔 참가자가 항상 다른 사람들에게 양보하다가 마지막에 '지퍼를 채우는' 일만 한다고 생각한다면 큰 오산이다. 그것이 아주 효과가 좋은 전략이기는 하지만, 그러자면 최고 높은 자리는 아니라 해도 상당히 높은 지위에 있어야 한다. 그리고 누구에게나 그런 최종 공세가 허락되는 것은 아니다. 앞에서 주고받은 토론 내용을 깡그리 무시할 수는 없기 때문이다.

전혀 다른 종류이지만 주도적 역할을 쟁취하는 또 하나의 전략이 있다. 가장 자주, 가장 오래 발언권을 쥐고 있는 사람이 되는 방법이다. 무조건 토론 전체를 내 손으로 휘어잡아야 할 필요는 없다. 앞에서도 말했듯 그런 '파워 플레이'는 힘이 너무 많이 든다. 굳이 그렇게 하지 않아도 된다. 다른 사람들에게 각자의 생각과 논리를 제시할 충분한 시간을 주면 된다.

중요한 것은 연설 시간이다. 되도록 오래오래 마이크를 쥐고 있는 사람이 핵심 인물이다. 특히 원래 주제와 전혀 상관없는 말을 하염없이 늘어놓는 사람이라면 더욱 그렇다.

교장 선생님 훈화가 바로 이 케이스이다. 다들 경험해 봤을 것이다. 하염없이 이어지는, 끝날 듯 끝날 듯 끝나지 않던 교장 성생님의 훈화 말씀을, 학생들의 인내심을 시험하는 아무 내용 없는 이야기들을, 바빠 돌아가실 지경인 간부 직원들을 모아놓고 안 들어도 그만인 이야기를 늘어놓을 수 있는 사람은 분명 그런 시시껄렁한 말로 자신의 권력이 얼마나 대단한지를 보여주고자 한다.

'순서 주고받기' 규칙

어떤 사람의 발언은 간단명료한데 또 어떤 사람은 하염없이 마이크를 잡고 있다. 왜 그럴까? 그 이유를 알기 위해서는 언어학의 영역을 잠시 염탐해 볼 필요가 있겠다.

왜 우리는 대화를 할 때 모두가 한꺼번에 자신의 할 말을 해대지 않고 – 잠깐 겹치는 경우를 제외하면 – 차례차례 순서를 기다리는 걸까? 그 이유를 언어학이 상세하게 연구했다.

언어학자들은 우리가 무의식적으로 지키는 몇 가지 규칙을 발견하였다. 누군가 그 규칙을 어기면 우리는 불쾌한 느낌을 받고 화가 나며, 그의 입을 다물게 하기 위해 노력한다. 그런데 규칙에 대해 이야기하기 전에 먼저 미국 언어학에서 사용하는 전문 개념 하나를 소개해야

겠다. '순서Turn'라는 개념이다. 이 말은 어떤 사람이 말을 할 순서가 되었다는 의미이다. 그러니까 당신 '순서가 되면' 당신이 말을 하고, 다른 사람들은 당신의 말을 들어 주는 규칙이다.

이 개념에서 바로 두 번째 개념, '순서 주고받기Turntaking'가 나온다. 이는 누군가 이전 사람 다음으로 말할 권리를 갖는다는 의미이다. 그 사람은 이제부터 자기가 말을 하고 싶다는 뜻을 다른 사람들에게 전달한다. 그러면 다른 사람들은 입을 다물어야 한다. 예를 들어 회의 시간에 자기 차례가 되었는데도 말을 하지 않는 사람은 '순서 주고받기'에 심각한 문제를 안고 있는 사람이다.

자, 이제 본격적으로 규칙을 살펴보기로 하자. 첫 번째 규칙은 지극히 평범하지만 미치는 파장은 적지 않다. **제일 먼저 말을 시작한 사람이 '순서', 즉 '발언권을 획득한다'**는 규칙이다. 그런데 현실에서는 그 발언권이 아무 의미도 없는 미사여구나 "에… 또…." 같은 막간 휴식으로 채워질 때가 적지 않다.

두 연설자가 동시에 말을 시작하면 더 끈기 있게 물고 늘어지는 쪽이 발언권을 획득한다. "에… 또…."로 뜸을 들이는 쪽이 금방 떨어져 나간다는 뜻이다.

목소리 크기 역시 중요한 역할을 한다. 당연히 작은 목소리가 힘이 약하다. 목소리의 고저 역시 어느 정도의 영향력을 갖는다. 낭랑한 베이스가 귀를 찢는 소프라노보다 더 잘 먹힌다.

자, 이제 두 번째 규칙이다. **절대로 다른 사람의 말을 도중에 자르면**

안 된다. 언어학자들이 '이행 지점'이라 부르는 마법의 경계선에 도달할 때까지는 상대의 말을 끊지 말아야 한다. '이행 지점'이란 잠정적인 종결을 말한다.

발언자가 목소리를 낮추면서 다른 사람들에게 신호를 보낸다. '말하고 싶으면 지금 말하세요!' 아무도 그 기회를 붙잡지 않으면 발언자는 계속 이야기를 할 수 있다. 굳이 한참 동안 말을 멈출 필요는 없다. 우리는 자기도 모르는 사이 그 '이행 지점'을 숙지하고 있기 때문에 대화가 중단되지 않고 계속 이어지는 것이다.

이행 지점을 반드시 살펴라

'이행 지점'은 매우 유용한 전략이다. 발언의 양을 조절하고 남의 말을 자르지 않고서도 자신의 말을 할 수 있는 기회를 얻을 수 있다. 따라서 남의 말을 듣기 좋아하는 사람은 그런 이행 지점을 자주 만들 것이고, 말을 즐기는 사람은 그런 이행 지점을 자꾸 뒤로 미룰 것이다.

'순서 주고받기 규칙'은 우리의 주제와도 매우 관련이 깊다. 그 규칙을 통해 주도권 쟁취의 방법을 알 수 있기 때문이다. 바로 이러한 방법들이다.

- 주도권을 쥔 쪽은 남의 말을 짧게 거들면서 ("말씀하신 건 이렇습니다.") 자

신의 '순서'를 확보한 후에 휴식을 갖는다. 일단 치고 들어간 후에 생각하는 것이다. 아무도 그의 '순서'를 빼앗을 용기를 내지 못한다.

- 주도권을 쥔 쪽은 자신의 '순서'를 장황하게 이어간다. 한 문장을 마쳤으면 곧바로 목소리를 높여 아직 끝나지 않았다는 신호를 보낸다.
- 주도권을 쥔 쪽은 규칙을 부드럽게 깬다. 누군가 자신보다 먼저 말을 시작하면 즉각 상대의 말을 자르고 자기 의견을 개진한다. 상대에게는 모욕이겠지만 자신에게는 승리다.
- 주도권을 쥔 쪽은 다른 사람의 '순서'가 너무 길어지면 개입을 한다. 초조하다는 신호("네, 네, 네.")를 보내거나 상대를 우습게 만든다("이제 끝나셨습니까?").
- 주도권을 쥔 쪽은 '이행 지점'이 아닌 곳에서 의도적으로 상대의 말을 중지시킨다. 그럴 때 상대가 저항을 하지 못하면 승리를 쟁취할 수 있다.

다음 미팅 때는 신경을 써서 '이행 지점'을 잘 살펴봐라. '이행 지점'까지는 얼마나 걸리고 관중들은 어떤 반응을 보이나? 연설하는 사람을 누가 중간에 중지시키나? 과연 그게 통하나? 아니면 반발을 불러일으키나? 이 모든 것을 촉각을 곤두세우고 살펴볼 필요가 있다.

듣고 있다는 신호를 보내라

'듣고 있다는 신호'에 대해서는 앞에서도 짧게 설명을 했다. 이번에는 회의에서 이 신호를 이용해 주도권을 장악할 수 있는 방법을 알아보자.

한 사람이 앞으로 나와 연설을 한다고 가정해 보자. 그는 모두를 대상으로 자신의 의견을 개진하고 있다. 그런데 그중 한 명이 특별히 그의 이야기가 자신에게 와닿는다는 뜻으로 신호를 보낸다면 어떻게 될까? 별 의미 없는 신호라 해도 다른 참가자들에게는 경멸의 의미로 느껴질 수 있다. 특히 참가자 A에게 한 말을 참가자 B가 신호로 응답한다면 A로서는 심한 모욕이 될 수 있다.

"흐음, 흐음"

미스터 레베르크가 미스 파우샤에게 회사 행사 준비를 잘했다고 칭찬을 한다.

"늘 그랬듯 이번에도 완벽하게 준비를 했더군요." 미스 파우샤가 미소를 짓는다. 탁자 반대편에 앉아 있던 마케팅 과장 미스 프롬메가 "흐음, 흐음." 하고 잘 들었다는 신호를 보낸다. 미스 파우샤의 얼굴에서 미소가 사라진다.

집단의 권력 구조에 대한 대응전략

집단 내 서열에서 당신이 할 수 있는 일은 매우 한정적이다. 물론 그 말이 당신이 어떤 행동을 해도 당신의 지위가 떨어지지 않는다는 뜻으로 해석하면 곤란하다.

일단은 집단의 권력 구조를 올바로 이해해야 한다.

- 서열이 이미 확정되어 있는가?
- 권력이 가장 강한 사람은 누구인가?
- 여러 사람이 경쟁하거나 서로 적대시하는 권력의 센터가 몇 군데나 있는가?
- 당신의 집단에는 '평화 공존'이 지배적인가?

그다음에는 자신의 입지를 정확하게 파악해야 한다.

- 당신은 집단에서 어느 정도의 서열인가?
- 특정한 진영에 포함되어 있는가?
- 인싸인가, 아웃사이더인가? 외부 전문가인가?

당신의 지위는 당신이 사용할 수 있는 수단을 결정한다. 근본적으로 두 가지 전혀 다른 전략이 있다. 집단의 주도권을 인정하든가 아니면 그에 저항하는 것이다. 둘 중에서 저항이 언제 어디서나 더 강력한 대안은 아니다. 회의장에서 상사의 주도권에 의문을 제기하거나 고객의 심기를 건드릴 경우 난감한 결과를 초래할 수도 있다. 중요한 것은 당신의 권력 상황이다. 당신이 부하직원을 거느리는 간부라면 당신의 주도적 역할을 위협하는 일체의 행위를 용납해서는 안 될 것이기 때문이다.

또 하나 명심할 사항이 있다. 회의장에서 누군가 주도권을 휘두른다고 해서 당신이 꼭 그의 꼭두각시가 되어야 할 이유는 없다. 상대에게 복종하면서도 나의 의지를 관철시킬 방법도 많다. 또 전략적인 이유에서도 다른 사람에게 양보할 수 있다. 그가 실패하여 책임을 뒤집어쓰면 당신이 월등히 좋은 패를 손에 쥐게 될 테니 말이다.

최종 공세의 전략을 막는다

최종 공세 전략을 막을 방법은 다양하다. 첫째, 말을 자제하며 기다리고 있는 그를 억지로 토론에 끌어들인다. 그는 어쩔 수 없이 입장을 표명해야 하고, 그가 계획했던 최종 공세는 중립성을 잃게 된다. 이제 당신은 그의 결론이 객관적이지 않다고 공격할 수 있다.

정반대의 전략도 쓸 만하다. 상대가 전혀 개입하지 않는 점을 이용하여 당신의 의견에 최대한 많은 동의 표를 얻어내는 것이다. 당신이 원하는 방향으로 결정이 날 것 같으니 상대도 가만히 좌시하고 있을 수 없을 것이다. 상대가 개입하고 나서면 결국 그의 최종 공세 전략은 무너지고 만다.

그럼에도 상대가 최종 공세에 성공하여 그의 뜻대로 결정을 짓는다면 어떻게 해야 하나? 아직 방법은 있다. 즉각 이의를 제기하고 결정을 반박하면서 다른 제안을 내놓는다.

아웃사이더일 때는 어떻게 할까?

자신의 의견과 제안이 모두에게 무시를 당한다면 누구나 무력감을 느낄 것이다. '아, 여기서 나는 말발이 안 서는 사람이구나!' 이런 자괴감이 들 것이다. 이때는 좌절하지 말고 공식적으로 대응하자. 솔직하게 자신의 심정을 밝히는 것이다.

"저를 완전히 무시한다는 느낌이 드는군요."

물론 그래봤자 당신의 상황이 급속도로 나아지지는 않을 것이다. 다른 사람들이 당신에게 아웃사이더의 자리를 할당했다면 당신은 그 역할에서 벗어나기 힘들다.

문제는 '당신이 왜 이런 외톨이로 전락했는가' 하는 이유이다. 신참이라면 다른 사람들이 아직 당신을 자신의 식구로 받아주지 않으려는 경우가 있겠다. 그렇다면 저항은 일을 망치는 최고의 지름길이다. 상사는 화를 낼 것이고 지위가 비슷한 참가자들은 경계를 딱 긋고서 당신한테 한마디의 말도 걸지 않을 것이다. 당신을 새 식구로 받아들이기 두려워서가 아니라 당신을 평가절하하여 자신들을 격상시키기 위해서이다. 그리고 그런 그들의 태도를 다시 상사가 암묵적으로 인정하고 지원할 것이다.

하지만 세상사가 다 그렇듯 동료의 외면도, 상사의 훈계도 지나가게 되어 있다. 다음 미팅 때면 벌써 다 잊힌 과거의 일이 되어 있을 것이다. 그러니 흥분하지 말고 평정심을 잃지 마라. 이런 불쾌한 상황도 지나간다.

하지만 그런 상황이 일회성으로 끝나지 않고 계속된다면 이건 심각한 문제다. 당신은 이 집단에서 더 이상 발을 붙일 수 없다는 점을 인정해야 한다. 당신의 태도 때문인가? 당신이 너무 만만해 보이나? 어쨌든 이런 경우 한시바삐 그 집단을 떠나야 한다.

투 머치 토커의 입을 막으려는 가망 없는 노력

지위가 높지 않은 참가자가 말이 많으면 순식간에 다른 참가자들의 손에 '훈육'을 당한다. 다들 들고 일어나 그의 말을 중단시킬 것이다. 지위가 높은 참가자들은 드러내놓고 조급한 기색을 보일 것이고 예민하게 반응할 것이다. 그런 경고 신호를 무시하면 안 된다.

지위가 높은 누군가가 하염없이 말을 늘어놓기 시작하면 사태는 훨씬 더 어려워진다. 모두 다 존경을 표해야 할 회장님이거나 명예회장님이라면 말이다. 고위 간부들을 잔뜩 모아놓고 끝날 듯 이어지는 회장님의 연설은 그의 신분이 얼마나 천하무적인지를 입증하는 증거이다. 그것도 모자라 중간중간 박수가 터져 나온다. 존경의 의미에서, 또 이제 그 정도면 충분하다는 지적의 의미에서.

그런 그들을 감히 어떻게 연단에서 끌어내리겠는가. 더구나 그런 사람들은 자신의 말을 방해하는 사람에게 극도로 예민하게 반응한다. 지위가 높은 두 다변가가 서로 경쟁을 벌이는 상황이라면 문제는 더 심각하다.

이런 문제를 조금이나마 해결하기 위해 연설 시간을 제한하자는 묘안이 나오기도 한다. 그런데 흥미롭게도 다변가들은 거의 다 그런 규정에 찬성을 한다. 왜 그럴까? 합의한 연설 시간을 넘겨야 자신의 권위를 과시할 수 있기 때문이다.

"오 이런, 5분이나 지났군요. 마지막으로 한 마디만 더 한다면…."

따라서 이 연설 시간을 잘 따져보면 옥석을 가릴 수 있다. 정해진 시간을 엄수하면 지위가 낮은 사람이다. 아무 제재도 받지 않고 정해진 시간을 넘기면 잘나가는 우두머리다. 우두머리 자리를 두고 여러 명이 경쟁을 벌일 경우 추후에 연단에 올라간 사람은 앞의 사람보다 최소 6분 정도는 정해진 시간을 넘겨야 한다.

사실 다변가의 입을 닫게 만들려는 노력은 실패로 돌아가기 쉽다. 그런데 지위가 높은 쪽에서 먼저 정해진 시간을 단 1초도 넘기지 않는다면 사정은 달라진다. 이제부터 시간을 어기는 사람은 잘나가는 '알파 보이'가 아니라 그냥 말 많은 수다꾼으로 전락하고 만다.

고르고 골라 고상하게 표현하라

상대적으로 부드럽지만 효과가 좋은 주도권 장악의 방법으로 조금 더 고상한 표현을 선택하는 방법이 있다. 예를 들면 문어체나 문학적인 느낌을 풍기는 표현을 이용하는 것이다.

식사 초대를 받은 상황

- **저급 표현**: "배 안 고파? 배 채우러 가자."
- **중급 표현**: "우리 뭐 좀 먹으러 가는 게 어때?"
- **고급 표현**: "가까운 곳에 분위기 좋은 식당이 있던데 거기 가서 가볍게 식사라도 하시는 게 어떨까요?"

이런 선별된 표현으로 당신의 지위를 높일 수 있다. 당신이 표현력이 풍부하고 언어에 재능이 있다는 사실을 보여줄 수 있기 때문이다. 하지만 세 가지 점에 유의해야 한다.

- 너무 심하게 수준을 높여서는 안 된다. 상황과 동떨어진 고상한 표현은 자칫하다가는 우스꽝스러운 사람으로 보일 수 있다. 언어 수준을 높이되 상황에 맞아야 한다.
- 상대가 박자를 맞출 수 있어야 한다. 상대가 이해하지 못하는 데도 계속 같은 표현을 사용한다면 거만하고 잘난 척하는 것으로 보이기 쉽다.
- 표현 방식이 당신과 어울려야 하고 자연스러워야 한다. 억지로 훈련했거나 외웠다는 인상을 풍기면 상대가 당신을 얕볼 수 있다.

별 의미 없는 잡담이라도 상대가 못 알아듣는 말을 남발하는 것은 예의가 아니다. 상대의 경탄은커녕 복수심만 유발할 것이다. 자신이 멍청하다는 느낌을 주는 사람과 이야기를 나누고 싶은 사람이 어디 있겠는가. 처음부터 상대와 나의 언어 수준 격차가 심하다면 쉽고 대중적인 표현을 택하라.

싸구려 표현도 통한다

정반대의 원칙이 통하는 상황도 많다. 선별한 고상한 단어 대신

버릇없는, 소위 천박하고 싼 티 나는 표현을 일부러 입에 올리는 것이다. 상대의 고상한 말투를 무시하고 "고운 말을 쓰자"는 전통을 의도적으로 깨뜨리는 것이 목적이다.

모두가 지키는 규칙을 보란 듯이 위반하는 것도 강력한 주도권의 신호이다. 하지만 그만큼 위험도 높다. 그런 험한 말투에는 상대방을 경시하는 태도가 은연중에 포함되어 있기 때문이다. 그런 이유로 상대가 대화를 그만두겠다고 선언할 수도 있다.

입장을 바꾸어 생각하면 대화를 단호하게 중단하는 것이야말로 그런 식의 거친 표현에 대처하는 가장 효과적인 방법이다. 절대 그런 식의 대접을 용인하지 않는 것이다. 상대에게 적절한 말투를 사용하지 않으면 대화를 더 이상 할 수 없다고 선언한다.

유명인의 이름을 들먹인다

유명인사의 이름을 들먹이면서 위세를 떠는 사람들이 적지 않다. '내가 중요한 사람들을 안다, 내가 그들과 친한 사이이다.' 이를 과시하여 자신의 지위를 그만큼 끌어올리려는 의도이다.

그렇지만 안타깝게도 이 방법은 대부분 잘 먹히지가 않는다. 잘난 척하기 좋아하는 사람들의 수법이란 걸 다들 꿰뚫고 있기 때문이다.

그럼에도 이 방법을 효과가 없는 방법이라고, 해로운 방법이라고 치부하는 것은 너무 성급한 판단일 수 있다.

전략의 기술은 유명인의 이름을 적절하게 배치하는 데 있다. 스포츠 스타나 영화배우처럼 그저 '유명한' 사람하고 아는 것만으로는 소용이 없다. 당신이 지금 하고 있는 업무에 관련된 중요한 사람들, 전문 인력, 영향력 있는 인물, 평판이 좋은 사람들이 훨씬 잘 먹힌다. 당신이 협력 중인 연구소가 이름만 대면 누구나 아는 유명한 연구소인지 이름도 없는 실험실에 불과한지, 그 차이는 매우 크다. 또 당신의 협상 파트너가 업계에서 알 만한 사람은 다 아는 유명인인지, 아무도 모르는 평범한 인물인지, 그 차이도 아주 클 것이다.

유명인의 이름을 들먹여서 잘난 척하고 싶어 한다는 의심을 피하려면 유명하지 않은 사람들의 이름도 자주 거론하라. 당신은 이름 없는 사람도, 유명인도 모두 중요하게 생각하는 사람이라는 좋은 인상을 남길 수 있다.

약간 변형시킨 방법으로 대화 상대에게 유명인을 아느냐고 물어볼 수도 있다. 상대의 회사나, 상대가 일하는 업계, 상대의 협력 기업에서 일을 하는 사람이며, 워낙 마당발이라서 '모를 수가 없는' 사람일수록 좋다. 질문의 목적은 "아니오"라는 대답을 받아내는 것이다. 혹은 "알지만 개인적으로는 아는 사이가 아니다"라는 대답이면 더 좋다. 이때 상대에게 그 인물에 대해 자세하게 설명해 주면서 자신의 인맥을 과시하는 기회로 삼는다.

영웅담을 쏟아내라

영웅담은 유명인의 이름을 들먹이는 방법 못지않게 인기가 높다. 상대가 은근슬쩍 대화의 주제를 돌려 자기 자랑을 시작한다. 자신의 영웅담, 자신의 활약상을 마음껏 뽐낼 수 있는 주제로 대화의 물길을 돌리며 주도권을 잡는 것이다.

이 방법은 유명인의 이름을 거론하는 것과 비슷한 위험이 있다. 상대가 별로 감동하지 않고 오히려 당신을 뺑쟁이, 허풍선이로 취급할 수 있다. 게다가 영웅담이 너무 시시한 경우 당신은 쩨쩨하고 융통성 없는 사람으로 낙인찍힐 위험도 있다.

하지만 영웅담은 '유명인사의 이름 들먹이기'보다 장점이 있다. 자신이 잘났다는 고백을 충분한 스토리로 뒷받침할 수 있는 것이다.

영웅담의 품질과 관계없이 이는 주도권의 신호가 될 수 있다. 상대는 그 신호를 두고 고민에 빠진다.

'저 말을 인정해 줘? 반박해야 하나? 관심 없는 척할까? 유머로 응대할까?'

"… 해 본 적은 있으신지…"

회사 생활과 더불어 휴가와 취미는 영웅담을 위한 비옥한 토양이다. 보드하겐 씨가 시간도 돈도 엄청나게 많이 드는 자신의 취미 생활을 자랑한다. 그는 요트 경주가 취미다. 한참 자랑을 하고

> 나서 그가 상대에게 묻는다.
> "요트 경주를 해 본 적은 있으세요?"

주도권을 잡는 표현에 대한 대응전략

주도권을 잡기 위한 표현들에 대응할 수 있는 전략으로는 세 가지가 있다.

- 경쟁에 뛰어들어 동참할 수 있다는 것을 보여준다. 상대보다 더 고상하거나 더 천박한 표현을 선택하고, 더 유명한 인물의 이름을 들먹이고, 더 멋진 영웅담으로 상대의 코를 납작하게 만든다.
- 상대의 표현들이 신경에 거슬린다는 표시를 내어서 상대의 전략을 무력하게 만든다. 무관심으로 일관하다가 대화를 끝낸다.
- 상대에게 무대를 내주고 상대가 아무리 찧고 까불어도 예의를 잃지 않는다. 하지만 부드러운 유머로 당신이 크게 감격하지 않았다는 언질을 준다.

처음 두 대응전략은 관계에 부담을 줄 수 있지만, 마지막 전략은 부드럽게 상황을 마무리 지을 수 있다. 그렇다고 해서 세 번째 방법을 무조건 추천하는 것은 아니다. 너무 건방지고 오만한 상대인 경우 다른 상황에서도 주도권을 넘보려고 들 것이다. 특히 당신이 주도권을 쥐고 싶은 상황에서 그가 당신의 자리를 위협할 수 있다. 하지만 당신이 어떤 전략을 택할 것인지는 결국 당신의 타고난 천성에 달려 있다.

우아하지만 약간 비열하기도 한 네 번째 전략이 있다. 상대보다 한 걸음 더 나아가거나 공손하게 상대의 표현을 참는 대신 그냥 넉다운된 척하는 거다.

한 톨의 유머도 없이 당신이 사는 세상은 상대가 자랑하는 세상과 너무나 다르다고 밝힌다. 예를 들어 앞의 요트 경주라면 상대의 질문에 담담하게 이렇게 대답한다.

> "제 주제에 감히 그런 것을 어떻게 해 보겠습니까? 부모님하고 한강에서 오리배 타 본 게 전부인 걸요."

피해자 역할을 자처하라

주도권과 피해자? 전혀 어울릴 것 같지 않은 한 쌍이라서 간과하기 쉬운 방법이지만, 피해자 역할은 효과를 무시할 수 없는 좋은 전략이다. 나름의 방식으로 주도권을 쥘 수 있는 역할이기 때문이다. 겉으로 보기에는 정반대 같다.

다른 사람들이 나를 인정하지 않고 함부로 대하며 나를 희생시켜 자신들의 이익을 구한다. 나는 이 슬픈 상황을 열거하는 것 말고 달리 방법이 없다. 구구절절 내가 당한 피해 사례를 읊고 있다.

이러니 이것이 주도권과 무슨 관계가 있는가? 오히려 나는 약한 입장이 아닌가? 한탄하고 불평하는 수동적인 역할이 아닌가? 참고 견딜 뿐 적극적으로 나설 수 없는 역할이 아닌가?

그렇다. 그래 보인다. 그렇지만 실상은 전혀 다르다.

보통 '피해자'라고 하면 무례한 취급에도 저항하지 못하고 다 감수하는 사람을 일컫는다. 하지만 여기서는 그런 의미가 아니다. 주도적인 피해자는 상황을 역전시킨다. 자신의 운명을 한탄하면서도 털끝 하나 손해 보는 일이 없다. 오히려 피해자 운운하면서 자기 요구를 관철시킨다.

타인을 부당하게 몰아가는 기술

'피해자'란 손해를 입었거나 부당한 일을 당한 사람을 말한다. 이들은 그 부당한 일을 상대에게 다시 보상받고자 한다.

거꾸로 당신이 나에게 피해를 입힌 인물이라고 가정해 보자. 당신은 나에게 보상을 해 주려 할 것이다. 왜 그래야 할까? 내가 당신의 동정심을 사거나 호감을 얻거나 당신의 의무감에 불을 지폈을 수 있다. 하지만 이런 방법은 권력 기술 차원에서 볼 때 심각한 단점이 있다. 본질적으로 '자발성'에 토대를 두고 있기 때문이다.

'주도권'이란 자발성을 기초로 세운 건물이 아니다. 내가 더 낮은 곳으로 임하여 억지로 당신의 동의를 끌어내어야 한다. 즉, 당신에게 내 손해의 책임을 '강제로' 뒤집어씌워야 한다.

'당신이 잘못을 했으니 당신이 다시 상황을 되돌리거나 어떤 식으로든 보상을 해 주어야 한다'는 강제성이 필연적이다.

나에게 유리한 점은 또 있다. 보상이 충분한지 아닌지를 결정할 사람은 나뿐이다. 어쩌면 대단한 보상을 끌어낼 수도 있다. 하지만 당신이 동참할 준비가 되어 있지 않다면, 그래서 책임을 부인한다면 어떻게 되겠는가? 어떤 식이든 불이익을 감수해야 한다. 주도권의 공구 상자에 도덕적 호소는 들어 있지 않다. 이미 말했듯 권력은 타인에게 불쾌감을 줄 능력과 마음가짐에 기초한다. 주도적인 피해자 역할은 상대를 부당한 사람으로 몰아간다는 의미이다.

나쁜 의도가 있었다고 주장하라

주도적인 피해자가 되려면 두 가지 요소가 중요하다.

첫 번째, 내가 겪은 손해, 부당한 일을 상대에게 확실하게 알려야 한다. 최대한 화려한 색상을 입혀서 말이다. 내 상황이 별로 심각하지 않아도 상관없다. 무조건 극적으로 부풀려 원하는 효과를 거두어야 한다. 그리고 그보다 더 중요한 것은 두 번째, 상대에게 그 손해의 책임을 뒤집어씌울 수 있어야 한다.

"당신을 믿었는데 이런 짓을 하다니, 나더러 어떻게 하라고요?"

상대의 무능력을 비난하는 것도 좋지만 가장 잘 먹히는 무기는 상대의 나쁜 의도를 가정하는 것이다.

"의도가 있었던 거예요. 나를 괴롭히고 싶었던 거야."

"우리 부서가 어떻게 되건 당신한테는 아무 상관이 없겠죠. 이십 년 동안 일구어낸 결과이건만 당신한테는 하잘것없는 것이겠죠. 당신은 자기 이익만 생각하는 사람이니까."

이는 곧 이런 상황을 만들어 낸다.

'당신은 나빠. 그러니까 내가 원하는 바로 그것을 해 주어야만 나쁜 사람이 아닌 거야. 그렇지 않으면 내 말이 맞는 거야.'

이제 당신이 내 뜻에 어긋날 때마다 나는 당신의 나쁜 의도를 걸고넘어질 수 있다. 당신이 나의 제안을 "한 번 더 고민해 보겠다"고 한다.

'아하, 그런 식으로 미루고 연기하다가 결국 내 제안을 거절하겠다는 의도겠지?'

당신이 오늘은 일찍 퇴근하겠다고 한다.

'당연하지, 그렇고 말고. 마침 프로젝트가 잘 안 풀리는 시점인데 달아나고 싶지 않겠어?'

"이럴 거라는 거 이미 다 알고 있었죠?"

① 미세스 클리빙은 나이가 많은 남자 동료 미스터 플람벡과 같이 일한다. 그런데 왠지 그가 자신을 개인적으로 싫어한다는 생각이 든다. 미스터 플람벡의 입장에서도 여자 동료와 같이 일하는 것이 영 부담스럽다. 더구나 미세스 클리빙의 뜻은 도무지 거스를 수가 없다. 그가 그녀를 비판하거나 그녀의 제안을 거절하기만 하면 당장 이런 비난이 쏟아진다.

"안 그래도 알아요. 나 싫어하죠?" 그래서 목까지 차오른 말을 그냥 삼킨 적이 한두 번이 아니다.

② 미스 스투칭거는 상사 미스터 바우만의 꾐에 넘어가 프로젝트를 맡기로 결정했다. 그가 워낙 그럴싸하게 설명하는 바람에 너무 괜찮아 보였던 것이다. 바우만은 흐뭇한 표정으로 이렇게 물었다.

"정말 맡을 거죠?" 기분이 업된 미스 스투칭거는 신이 나서 대답했다.

"물론이죠. 문제 없습니다."

그런데 막상 진행하다 보니 심각한 문제가 많이 발생했다. 미스 스투칭거는 미스터 바우만에게 달려가 의논했다. 바우만은 황당한 표정을 지으며 말했다.

"이미 일정을 다 짜놨는데 이제 와서 안 된다니요."

스투칭거는 조금만 일정을 연기시켜달라고 부탁했다. 바우만은 고개를 저었다.

"그건 안 됩니다. 일정에 동의했잖아요. 이거 수상한데요. 처음부터 일정을 지킬 수 없다는 거 알고 있었죠?"

비판하는 사람의 명예를 더럽히다

피해자들은 자신을 비판하는 사람을 이기적이고 질투심이 강하며 위험하다고 비난하면서 상대의 인격을 깎아내린다. 지금은 나만 당하지만 언젠가 이 짐승에게 다른 모든 사람들도 걸려들 수 있다는 논리이다.

이 전략을 제일 잘 써먹는 사람은 현재는 작고한 이탈리아 수상 실비오 베를루스코니이다. 의심의 여지없이 그는 이탈리아 최고의 권력자였고, 또 그 사실을 언론을 통해 끊임없이 과시했다. 하지만 동시에 그의 성공을 시기하는 극좌파 기자, 변호사, 판사들 때문에 너무나 괴로운 피해자인 척했다. 황당한 주장이지만, 그는 너무나 끈기 있게 이런 불쌍한 이미지를 우려먹고 또 우려먹었다. 불쌍한 피해자이니만큼 어쩔 수 없이 사법부의 공격에 맞서 스스로를 보호할 수밖에 없다고 말이다.

"대통령직을 고수해야 하는 이유입니다"

이탈리아 최고 법원은 베를루스코니 수상의 반대를 무시하고 부패방지법을 가결시켰다. 베를루스코니는 그 즉시 사법부가 자신을 망가뜨리려 한다고 주장하였다. 그가 "공산주의자들의 권력을 공격"하기로 결심했기 때문이라는 것이다. 유죄판결을 받을 경우 어떻게 할 생각이냐는 질문에 수상은 이렇게 대답했다.

"그렇게 되면 진리가 뒤집힐 겁니다. 그럴수록 저는 더더욱 민주

> 주의와 법치국가를 수호하기 위해 대통령직을 고수해야 할 의무감을 느낄 겁니다."

피해자 코스프레에 대한 대응전략

피해자인 척 주도권을 잡으려는 상대에게는 전략 강도에 따라 대응방법을 달리해야 한다. 먼저 강도가 그리 세지 않은 경우라면 세 가지 방법으로 저항할 수 있다.

첫째, 상대가 겪었다는 손해나 부당한 일을 대단하지 않은 것으로 단정 짓는다. 다른 사람들이 당신의 말을 믿지 않을 수도 있지만, 적어도 상대의 비난을 그대로 인정하지 않는다는 점에서 의미가 있다. 둘째, 문제가 그리 심각하지 않다는 점을 상대도 납득하게 만드는 것이다. 마지막으로, 당신이 손해나 부당한 일의 책임자라는 상대의 주장을 반박한다. 최후의 경우 '손해를 결코 예상하지 못했으므로 절대 내 책임이 아니다'라는 주장을 펼친다.

상대가 당신을 도덕적으로 비난하는 경우, 당신이 무례하고 배려심이 없으며 이기적이라고 비난하는 경우엔 이렇게 대처한다.

첫째, 상대의 비난을 인정하지 않는다.

둘째, 당신의 관점에서 상황을 설명한다.

셋째, 공격의 화살을 상대에게로 돌려 상대가 자기 이익을 위해 피해자인 척한다고 주장한다. '그런 얄팍한 작전에 절대 걸려들지 않는다'는 점을 명확히 한다.

그리고 상대의 무기로 역공격을 펼친다. 상대의 본심을 그대로 까발리는 것이다.

"나를 이해하려고 하지 않는군요. 상대를 나쁜 사람으로 만드는 게 당신 목적이죠."

상대의 공격이 심각한 수준이라면 당신의 명예가 실추될 수도 있다. 상대가 은연중에 이런 내용의 협박을 가한다.

"내가 원하는 대로 하지 않으면 얼굴 못 들고 다닐 줄 알아."

상대가 당신보다 인맥이 넓거나 평소 당신보다 더 신뢰도가 높을 때는 대응하기가 극히 힘들 것이다. 또 어떤 고객이 다른 고객이 있는 자리에서 당신의 잘못을 지적한다면 출발선은 전적으로 당신에게 불리한 쪽으로 그어질 것이다. 그러면 당신이 옳았다는 증거는 큰 신뢰를 얻지 못한다. 상사가 당신의 신뢰도 부족에 대해 야단을 칠 때도 당신은 불리한 입장이다. 다들 당신의 경험 폭이 상사에 비해 좁을 것이라고 단정 지을 테니 말이다.

그런 지위의 불평등은 곧 권력의 불평등이다. 그 불평등을 해소하기 위해 당신은 자신의 신임도를 입증해야 할 것이고, 상대의 음모, 숨은 의도, 이기심을 까발려야 한다.

달리 말해 더러운 권력 투쟁에 뛰어들어야 한다는 말이다. 이제 당신에게 남은 방법은 '동지를 규합하는 일'이다. 당신의 입지가 약하므로 당신과 마찬가지로 지위가 낮아 불이익을 당하기 쉬운 동료들에게 동참을 호소한다. 또 피해자인 척하는 상대를 방해할 수 있는 지원자를 찾는다.

Keep it in mind!

이 장에서 설명한 내용 중에서 꼭 명심해야 할
10가지 요점을 뽑아보았다.

- 어떤 상황에서도 지배하는 쪽과 복종하는 쪽이 있다. 이런 권력 관계가 명확하지 않으면 관계 자체가 불안정하다.
- 사람들의 호감과 신뢰를 얻는 것이 중요하다. 그래야 주도권을 뺏기지 않는다.
- 리더라면 더더욱 결정적 순간에 주도권을 빼앗기면 안 된다.
- 상대에게 지시를 내리는 것만으로도 주도권을 쟁취할 수 있다.
- 회의장에서 주도권을 장악하는 방법은 두 가지이다.
  첫째는 제일 먼저 발언권을 얻어 대화의 방향을 정하는 방법이고, 또 하나는 맨 마지막에 개입하여 토론 내용을 정리하고 결론을 내리는 방법이다.
- 당신이 상대의 발언을 채택하느냐 무시하느냐에 따라 상대의 가치가 올라가고 내려간다.
- 상대가 당신을 띄우는 질문을 던질 때는 주의하라. 좋아서 덥석 물었다가 코가 꿰이는 수가 있다.
- 추가 질문으로 상대의 기를 죽일 수 있다. 상대의 대답에 평가를 섞은 해설을 곁들이면 효과가 배가 된다.
- 전략적인 분노는 주변 사람들도 납득할 수 있어야 하며, 인격적인 모독이 포함되면 안 된다.
- 상대가 피해자인 척 행세하며 주도권을 쥐려고 할 때는 당신의 행동을 부당하다고 공격할 것이다. 이런 전략에 당하지 말고 상대의 정체를 까발려라. 안 그러면 당신의 명예가 실추된다.

2장

사람의 마음을 얻어라

미세스 크렘머가 미스터 온드라시에게 프로젝트 팀장 자리를 맡아달라고 부탁한다. 예전에도 그런 부탁을 하면 항상 고사를 하던 사람이라 미세스 크렘머는 이번에도 그가 거절할까 봐 걱정이다. 그런데 사실 미스터 온드라시가 그동안 소극적인 자세를 취했던 이유는 자기 마음에 드는 직책이 아니었기 때문이다. 그러니까 원래 권력욕이 없는 사람이 아니라 자기가 원하는 자리가 나타날 때까지 기다렸던 것이다. 이번 프로젝트는 아주 마음에 들었고, 그는 미세스 크렘머가 억지로 떠맡기지 않아도 그 자리를 맡고 싶었다.

미스터 온드라시가 팀장이 되고 난 후 두 사람은 각기 다른 생각으로 만족했다. 미세스 크렘머는 자신의 말이 워낙 설득력이 있어서 미스터 온드라시가 하는 수없이 팀장 자리를 맡았다고 생각했고, 미스터 온드라시는 그동안 노렸던 기회를 낚아챘다는 사실에 아주 흡족해했다.

어떻게 하면 사람들의 마음을 사로잡을 수 있을까? 거꾸로 상대가 내 마음을 움직이려고 할 때는 어떻게 알아차릴 수 있을까? 어떤 지점을 미심쩍은 눈으로 살펴야 하며, 어떻게 해야 상대의 전력을 꿰뚫어 볼 수 있을까?

이 장에서 살펴볼 전략들은 대부분 훨씬 친절하다. 하지만 그렇다고 해서 효과가 떨어진다는 말은 절대 아니다. 다만 목표가 다르다.
주도권은 의지를 관철할 수 있는 유리한 조건을 조성하는 것에 주안점을 두지만, 사람의 마음을 얻기 위해서는 살짝 연막을 칠 필요가 있다. 상대가 모든 것이 자기 뜻대로 되고 있다고 생각하거나, 적어도 얻어낼 건 다 얻어냈다고 생각해야만 전략의 효과가 가장 뛰어나기 때문이다.

사회심리학의 연구 결과를 보면 우리는 타인에 대한 자신의 영향력을 과대평가하는 경향이 있다고 한다. 이를 두고 학자들은 '통제감 착각comtrol illusion'이라 부른다. 하지만 이런 착각을 굳이 들먹이지 않더라도 누가 어떤 일에 얼마만큼의 영향력을 미쳤는지 판단하기란 쉬운 일이 아니다.
예전에 본 미국 만화 생각이 난다. 실험실의 쥐 한 마리가 주인공이다. 쥐가 버튼을 누르면 먹을 것을 주는 전형적인 학습 효과 측정 실험이다. 쥐가 다른 쥐에게 이렇게 말한다.

"우리 실험실 실장은 정말 머리가 좋아. 내가 그를 훈련시켰더니 이 버튼만 누르면 먹을 것을 가져오는 거야."

언어를 교묘하게 이용하라

원래 언어의 기본 기능은 타인에게 영향을 미치는 것이다. 인간이 입을 여는 것은 오로지 '타인에게 영향력을 행사하려는 목적' 때문이라는 주장도 있다. 물론 그건 심한 과장일 것이다. 침묵의 효과 또한 무시할 수 없기 때문이다.

커뮤니케이션 학자인 파울 발트라비크는 이렇게 말한다.

"우리는 영향을 미치지 않을 수가 없다."

특정한 의도가 없었다 해도 일단 말을 하게 되면 상대방에게 영향을 미친다. 언어가 우리의 예상보다 훨씬 더 많은 영향력을 행사한다는 뜻이다.

지금 우리는 권력을 쟁취하기 위한 '이기는 언어'를 다루고 있고, 따라서 의도적인 영향력은 마땅히 뒷받침되어야 할 주제다. 하지만 권력을 장악하기 위한 각종 전략과 인증된 방법들을 줄줄이 열거하려는 것은 아니다. 아주 중요하고 효과가 뛰어난 몇 가지 방법만을 엄선하여 소개하고자 한다.

전달할 메시지가 상대에게 조금 더 닿을 수 있는 방법들, 혹은 상대의 교활한 영향력을 막을 수 있는 방법들이다. '이기는 언어'에 굴복할 수밖에 없는 상황일지라도 어떻게 돌아가고 있는지를 알면 훨씬 대처하기가 쉬울 테니 말이다.

언어를 이용하고 만들어라

언어를 이용하고, 만드는 것. 이 두 가지의 차이는 중요하다. 도구를 사용하듯 기존 언어를 사용할 수도 있겠지만 새로운 개념, 관용구 등을 만들거나 그 의미를 바꾸어 직접 도구를 만들 수도 있다. 이때에는 두 가지가 중요하다.

- 당신의 목적을 위해 기존 언어를 활용하고 그 가능성을 철저히 활용한다.
- 상대의 언어 사용에 영향을 미치고 상대의 관점과 사고방식을 변화시

킨다.

얼핏 보면 두 번째가 훨씬 힘이 셀 것 같다. 다른 사람들이 당신이 쓰는 개념이나 표현 방식을 물려받아 사용하고, 이를 통해 당신이 직접 나서지 않아도 당신의 생각과 견해가 널리 퍼져 갈 테니 말이다. 그러면 당연히 당신의 경쟁자는 기회를 잃어버린다. 자신의 단어를 퍼트리고 싶겠지만 그럴 수가 없다. 당신의 단어가 깊이 뿌리를 내려 그 주제를 입에 올리는 사람은 자동적으로 그 개념을 사용하게 될 것이다.

조지 오웰의 소설 『1984』는 전체주의적 독재의 초상을 내용으로 담고 있다.

독재의 중요한 도구 중 하나는 언어 통제이다. 이를 위해 소설에서는 공식적인 관용어 '뉴스피크(소설 속에 그려진 가상의 언어. 내용 중 전체주의 체제 국가가 실재의 영어를 바탕으로 만든 새로운 영어)'가 제정된다. 축약된 어휘를 통해 분화된 사고를 방해하기 위함이다. 예를 들면 이런 식이다. 부정적 개념은 긍정적인 개념에 부정적 접미사를 붙여 만든다. 비판을 약화시키기 위해서다. 가령 '나쁘다'는 말은 '안좋다'라고 말해야 한다. 비교의 표현도 'plus', 'doubleplus'를 붙여 만든다. 그래서 'better' 대신 'plusgood', 'best' 대신 'doubleplusgood'이라고 표현해야 한다. 또 원래의 의미를 흐리기 위해 축약어를 많이 사용한다.

물론 언어를 내 마음대로 바꾸어서는 안 된다. 새 개념과 어법을 만든다 해도 기존의 언어 규칙을 벗어나서도 안 된다. 하지만 해석을 바꾸는 것은 가능하다. 실제 이 방법은 이기는 언어에서 널리 사용된다. 뒤에서 더 자세히 알아보겠지만, 일단 상대가 사용한 개념을 물고 늘어져서 내 마음대로 새로운 의미를 부여한 후 상대를 공격하는 무기로 삼는 것이다.

1990년 서독이 동독과 경제 화폐동맹을 맺으면서 연방 수상 헬무트 콜은 동독이 '번영의 땅'이 될 것이라는 비전을 제시하였다. 그의 정적들은 동독에 문제가 생길 때마다 이 표현을 써먹었다. '번영의 땅'은 콜의 원래 의도와 달리 공동 노력의 목표에서 변질되기 시작했다. 동독이 겪는 온갖 폐해를 놀려먹는 슬로건이 되어버린 것이다. 가동이 중지된 공장 터에 잡초가 무성하면 '번영하는 땅'은 한때 잘나가던 산업의 몰락을 상징하는 표현이 되었다.

물론 절대로 마음대로 해석할 수 없는 성공적인 표현들이 있다. '디지털 혁명'이나 '사회 시장 경제' 같은 표현들이다. 물론 그런 개념들이 성공을 거둘 줄 사전에 미리 짐작한 사람은 많지 않았을 것이다. 하지만 그런 개념들의 성공에 다소간 영향을 미치는 일련의 요인들은 있다. 그에 대해서 더 알아보기로 하자.

사람들의 입 모양을 관찰하라

특히 직장에서 언어 규칙은 큰 의미를 갖는다. 예를 들어 특정 표현을 사용하거나 피하기로 서로 합의를 하는 식이다. 대부분은 위에서 지시되는 사항이지만, 공허한 미사여구나 자화자찬이 아니라면 그런 규정도 의미가 없지 않다. 첫째, 통일된 이미지를 만들고, 둘째, 특정한 입장을 표현할 수 있다. 또 공허한 미사여구나 쓸데없는 자화자찬을 피할 수 있다면 기업에도 유익할 것이다.

가장 중요한 것은 기업에서 말들이 어떻게 오가느냐 하는 것이다. 그것이 조직의 정신을 표현한다. 많이들 거론하는 기업 정체성도 결국 '언어'에서 드러나는 법이다.

언어를 통해 타인의 마음을 사로잡고 싶으면 먼저 상대의 편이 되어야 한다. 상대의 입장이 되어야 하고, 상대의 언어 세계로 들어가야 한다. 당신의 말이 상대에게 어떻게 가닿을지 철저히 계산해야 한다. 그것이 결정적이다. 아무리 훌륭한 논리도 상대가 이해를 못 한다면 무슨 소용이 있겠는가. 또한 상대가 당신의 말을 자기 멋대로 해석한다 해도 역시 아무 소용이 없다.

물론 아무리 노력해도 완전히 상대의 입장이 될 수는 없다. 그래도 상대를 설득하고자 한다면 이런 입장 바꾸기 노력을 포기해서는 안 된다. 소통을 잘하는 사람들을 보면 어떤 개념이나 용법이 상대의 귀를 간지럽힐지, 어떤 것이 상대에게 공포를 야기할지 정확히 알고 있다. 그걸 어떻게 알게 됐는지 궁금한가? 관객의 언어 세계를 알면 된다. 세계사가 낳은 최고의 소통 전문가 루터의 말대로 '사람들의 입을 쳐다보면' 된다.

루터의 이 말은 두 가지 의미가 있다.

첫째, 청중의 범위가 다양하다면 상대가 잘 알아듣도록 메시지를 그때그때 바꾸어야 한다. 하지만 너무 심하게 바꾸어서 "한 입으로 두말한다"는 인상을 풍겨서는 안 된다. **이기는 언어에서 빠질 수 없는 조건이 바로 '일관성'이다.** 앞뒤 말이 모순이 없어야 한다. 청중 A 앞에서 한 말이 원칙적으로 청중 B가 이해한 바와 동일해야 하는 것이다. 그렇지 않으면 믿을 수 없는 사람이 된다. 상대의 기분을 좋게 만들려고 아첨한다는 인상을 풍기게 되면 그 말의 효과는 급속도로 떨어진다.

둘째, 사람들이 말을 어떻게 하는지 알아야 한다고 해서 그들의 방식을 복사하라는 의미는 결코 아니다. 오히려 반대로 어느 정도 거리를 두어야 당신의 메시지가 더 잘 통한다. 상대에게 너무 익숙하다는 느낌을 주지 않아야 그 약간의 낯섦이 호기심을 발동시키는 것이다.

당신의 메시지를 상대의 귀로 들어라. 그래야 상대가 이해하지 못할 말을 하지 않는다.

'우리'라는 원칙

이기는 언어의 효과적인 핫 리스트가 있다면 아마 이 대명사가 상당히 위쪽 자리를 차지하고 있을 것이다. 바로 '우리'이다. '우리'라고 말하는 사람은 상대와 자신을 한편으로 묶는다. 원을 그려놓고 상대와 자신을, 그리고 다른 몇 사람을 그 원으로 끌어들인다.

'우리'는 공동체 의식을 조장하고 신뢰를 쌓는다. '우리'는 강하다는 느낌을 선사한다. 혹은 나머지 세상과 담을 쌓은 너와 나만의 세상을 만든다.

'우리'는 그것이 자신의 의지, 자신의 이익과 결부될 경우, 특히 더 전략적으로 유용하다. 나의 의지는 우리의 의지이고, 나의 이익은 우리의 이익이다. 내 의지를 관철하기 위해 타인과의 동맹이 결성된다.

상대가 우리의 의지 속에 얼마나 많은 나의 의지가 숨어 있는지 눈치채지 못하기를 바라면서 말이다.

이는 뭔가 꼼수 같은 분위기가 풍긴다. 사실 약간의 꼼수가 없는 건 아니다. 그렇지만 이런 사회적 윤활유가 없다면 어쩔 수 없이 자신의 의지를 선포하고, 수단과 방법을 가리지 않고 그것을 관철시켜야 한다. 그러면 당연히 상대의 반발심이 커질 것이다. 물론 앞에서도 말했듯 이렇게 자기 의지를 관철하는 과정에서 권력을 체험하고 훈련할 수 있다.

하지만 '우리 원칙'을 사용하면 훨씬 더 수월하게, 부드럽게, 상대에게 큰 모욕이나 상처를 주지 않고서도 나의 의지를 관철할 수 있다. 우리의 공동 의지가 곧 나의 의지이기 때문이다.

"그것이 '우리'의 원대한 목표입니다"

포이케르트 씨가 직원들을 모아놓고 연설을 한다.

"올해 우리는 원대한 목표를 세웠습니다. 목표 달성이 쉽지 않다는 것은 저도 잘 알고 있습니다. 하지만 우리가 손에 손을 잡고 노력한다면 반드시 이루고야 말 것입니다."

사실 이런 목표를 세운 사람은 포이케르트 씨다. 직원들에게 물어본 적도 없다. 그런데도 그는 직원들을 '우리'라는 표현으로 같이 끌어들이면서 자신이 세운 목표를 받아들이는 것 이외에는 다른 방법이 없다는 사실을 은근히 선언한다. 직원들도 자신이 (사실은 회사가) 원하는 바를 '원한다'고 가정하는 것이다. 직원들은 그의 가정을 받아들인다.

'우리'의 긍정적인 면

'우리'라는 표현은 상대를 내가 그어놓은 원 안으로 끌어들인다. 그래서 '우리'라는 표현은 긍정적이다. 우리는 모두 누군가 나를 공동체의 원 안으로 끌어가 주기를 바라기 때문이다. 그리고 그것은 곧 누군가 나를 필요로 한다는 증거이기도 하다.

인간은 누군가에게 필요한 존재가 되고 싶어 한다. 아무도 끌어가지 않는 사람, 아무도 필요로 하지 않는 사람은 버림받은 것과 다름없다. 그런 의미에서 '우리'는 일단 환영받는 표현이다.

하지만 이해관계가 상충하는 경우 문제가 발생한다. 때로 '우리'는 우리의 이익과 정반대를 향할 수 있다. 앞에서 든 예에서 우리가 그 회사의 직원이라면 사장님이 정한 '원대한 목표'는 우리에게 곧 업무의 증가를 의미할 것이다. 그런데 적절한 임금 상승으로 업무 증가에 대한 보상을 받지 못한다면 사장님의 '우리'는 결코 '우리'가 아닐 것이다. 속았다는 기분이 들지 않겠는가.

'우리' 전략을 써먹으려면 상대가 이런 느낌을 받지 않도록 주의해야 한다. 상대가 나에게 반발을 느낀다면 권력의 기반이 무너진다.

'우리'는 함께 일을 하고, 서로 결속감을 느끼자는 초대장이다. 그 말을 들은 상대는 이미 보상을, 매력을 예상한다. 목표를 달성했을 때 양쪽 모두에게 이익이 되는 그런 목표여야 한다.

‘우리’라는 말 뒤에 숨은 ‘나’

‘우리’는 한쪽으로만 가서는 안 된다. 상대에게 나의 이익을 도모하도록 의무를 지워서는 안 된다. 당신 역시 상대의 이익을 위해 노력할 것이며, 행동할 것이라는 표현을 보여줘야 한다. 당신이 특별히 이타적인 사람이어서가 아니라 그것이 양쪽 모두에게 이익이 되기 때문이다.

‘우리’라는 말 뒤로 ‘나’를 숨기면 협동심이 생겨난다. ‘우리의 감정’은 권력의 가장 튼튼한 기반 중 하나이다. 이 기반을 바탕으로 많은 것을 불러낼 수 있다. 물론 성공의 확률은 제각각이다. ‘우리’와 공동의 이익을 거론한다고 해서 무조건 성공이 보장되는 것은 아닐 테니 말이다.

“Yes, We Can”

2008년 미국 대통령 선거에서 버락 오바마가 승리를 거둔 데에는 그의 뛰어난 언변도 큰 역할을 했다. 그의 연설에는 실마리처럼 ‘우리 메시지’가 관통하고 있다.

“우리는 전혀 새로운 방향으로 이 나라를 이끌어 갈 준비가 되어 있습니다. 어떤 장애물이 우리 앞길을 막아도 변화를 요구하는 수백만의 목소리에서 뿜어나오는 에너지를 막을 수는 없습니다.”

“제가 미국 대통령이 된다면 우리는 이라크 전쟁을 종식시키고 우리 군을 고국으로 불러올 것입니다.”

> "미국에서 어떤 일이 일어나고 있다는 것을 우리는 기억하게 될 겁니다. 정치가들의 주장과 달리 우리는 분열되지 않았다는 것을, 우리는 '한 나라'라는 것을. 우리가 함께 미국 역사의 위대한 새 장을 열 것이라는 것을. 이 해안에서 저 해안으로, 이 대양에서 저 대양으로 퍼져 나갈 세 마디로 말입니다. 그 세 마디는 바로 이것입니다. Yes, We Can."

권력의 자리에 올랐거나 그 자리를 노리는 사람들은 기본적인 문제를 안고 있다. 다른 사람들과 멀어지는 거리감이 바로 그것이다. 이제 더 이상 그는 우리들의 세상에 살지 않는다. 우리의 근심을 공유하지도 않는다. 그러면서도 우리의 지지가 필요하다. 우리가 그를 믿어 주어야 하고, 그의 지시를 따라야 하며, 그의 목표가 이뤄지도록 노력해 주어야 하며, 그에게 표를 던져주어야 한다. 그렇게 만들 수 있는 가장 확실한 방법은 바로 "그도 우리 중 하나야."라는 인상을 심어주는 것이다. "그가 우리를 위해 애써 줄 거야."라는 믿음과 함께.

"나는 베를린 시민입니다"

1963년 6월 26일 '베를린 공수 작전' 개시 15주년을 기념하여 베를린을 방문하였던 미국 대통령 존 F. 케네디의 연설은 결속감을 아주 인상 깊게 보여준 대표적인 사례다.

쇠네베르크 시청사 앞에서 그는 이런 내용의 연설문을 낭독하였다.

> "2천 년 전에는 '로마 시민이다'는 말이 최고의 자랑이었습니다. 지금의 자유 세계에서는 '베를린 시민'이라는 말이 최고의 자랑입니다. 어디에 살건 자유로운 인간이라면 모두가 베를린 시민입니다. 그러므로 나는 자유로운 인간으로서 자랑스럽게 말할 수 있습니다. '나는 베를린 시민입니다'."

당시 이 연설의 효과가 유독 컸던 이유 중 하나는 영어로 낭독하던 케네디가 "나는 베를린 시민입니다."라는 구절만은 독일어로 발음하였다는 사실에서 찾을 수 있을 것이다.

자신이 속한 집단을 띄워라

소속감을 강조하는 것만으로는 '이기는 언어'라 부르기 힘들다. 거기에다 자기 집단, 즉 '우리'의 가치를 높이 평가하는 작업이 추가되어야 한다. 클럽을 만드는 것만으로는 안 된다는 소리다. 사람들이 무조건 그 클럽에 들어오고 싶게 만들어야 한다. 그러기 위해서는 자신이 속한 집단을 띄워야 한다.

자신의 집단을 높이 띄우는 방법은 다양하다. 이미 앞에서도 몇 가지 살펴보았다. "자유로운 인간은 모두가 베를린 시민"이라고 주장하던 케네디의 연설이 대표적인 사례이다. 베를린 시민은 모두 자유로운 인간이다. 그러니 베를린 시민은 곧 자유의 상징이 된다. 베클린의 주민과 전 세계 모든 자유로운 인간을 하나의 집단으로 결합시키는 접착제는 바로 '자유'이기 때문이다. 앞에서 예로 들었던 포이케르트 씨도 "우리는 원대한 목표를 세웠다!"라는 말로 자기 집단의 가치를 높이 평가했다. 그의 직원들은 원대한 목표를 달성할 수 있는 능력 있는 팀의 일원이 된 것이다.

이처럼 뛰어난 능력을 자기 집단에 부여함으로써 자신이 속한 집단의 가치를 드높이는 방법이 가장 많이 애용된다.

- **도덕적 평가**: 우리는 선행을 한다. 우리는 약자를 돌본다. 우리는 중요한 가치를 실천한다.
- **지적 평가**: 우리는 똑똑하고 지적이며, 비판적이고 이해력이 뛰어나다.
- **성격적 평가**: 우리는 개방적이고 유머가 풍부하며, 신뢰성이 높고 겸손하다.

이런 자화자찬이 통하려면 중요한 전제조건이 필요하다. 사람들이 자신을 그렇게 보려고 해야 한다는 것이다.

버락 오바마가 선거전에서 호소했던 '우리 메시지'는 '다른 미국'의 이미지를 담고 있었기에 그렇게 뜨거운 호응을 얻을 수 있었다. '우리'는 사회적 약자를 보호하고, 이라크와 아프가니스탄 전쟁을 종식시키고자 하며, 기후변화에 대처하고자 한다. 오바마의 메시지는 그런 뜻을 전달하고자 했다. 나아가 그는 아무도 배제하지 않았다. 분열의 책임은 정적들에게 전가하였다. 그가 원하는 것은 '전 국민의 규합'이었다.

"부자든 가난하든, 흑인이든 백인이든, 라티노든 아시아인이든, 아이오와 출신이든. 뉴햄프셔, 네바다, 사우스 캐롤라이나 출신이든 우리는 이 나라를 전혀 새로운 방향으로 끌어갈 각오가 되어 있습니다."

이로써 오바마는 또 하나의 멋진 방법을 소개한 셈이 되었다.

'우리 집단'의 가치가 올라가자면 집단의 숫자가 많아야 한다. 그런 집단에선 흡인력이 발생한다. 그 집단에 소속되지 않은 사람은 아웃사이더가 된다. 아웃사이더야말로 사회적 존재인 우리 인간이 가장 원치 않는 일이다. 사회심리학자인 로버트 치알디니는 '우리와 비슷한 사람처럼 행동하고 싶은 소망이야말로 인간의 매우 강력한 행동 동기'라고 주장한다.

요즘엔 많은 호텔 욕실에 '환경 보호를 위해 수건을 매일 교체하지 말자'는 표지판이 붙어 있다. 꼭 수건을 교체하고 싶으면 바닥에 던져놓으라고 적어놓았다. 치알디니는 몇몇 호텔 표지판에 '호텔 손님들 다수가 수건을 여러 번 사용한다'는 문구를 추가하는 실험을 실시하였다. 그랬더니 수건을 여러 번 사용하는 손님의 숫자가 현저하게 늘어났다. 물론 당사자들은 자신이 남들의 행동을 따라 한 것이라고 생각하지 않을 것이다.

‘우리’가 아니면 ‘적’이라는 시선

‘우리’라는 말을 하는 순간 ‘다른 사람’, 즉 우리가 아닌 사람들의 집단이 만들어진다. 그리고 이들의 가치는 떨어진다. 야비하고 비열하지만 어쩔 수가 없다. 뛰어난 언변을 자랑하는 버락 오바마도 이 방법을 완전히 포기할 수는 없었다. 그가 배제한 ‘다른 사람들’은 일자리를 외국으로 옮기는 기업들, 행동할 용기가 없는 불만꾼들, 부자들에게 특혜를 주고 국가의 명성을 해치는 정적들이었다.

‘다른 사람들’은 우리의 가치를 높여주는 나쁜 사례로 이용된다. 나쁜 자질을 두루 갖추었고 의욕이 없으며, 사기와 잔꾀를 부려 우리의 성공을 강탈한다. 우리가 겪고 있는 이 ‘난국’은 다 그들의 책임이다. 그들은 무능하지만 힘이 세다. 우리를 좋아하지 않고 우리를 적으로 간주한다. 그럼에도 우리는 먼저 손을 내밀어야 한다. 우리가 어느 면으로 보아도 더 나은 인간이기 때문이다.

“‘우리’는 성공을 자랑하지 않고, 자기 비판적이며, 자신의 실수를 인정할 줄 안다. 그런데 그들은 자신의 결점을 못 알아보고 우리에게 증오를 퍼붓는다. 이 세상 모든 사람이 ‘우리’ 같다면 세상은 정말 살기 좋은 곳으로 변할 것이다.”

바로 이런 메시지를 전달하는 것이다.

유감스럽게도 이 방법은 효과가 탁월하다. 자기 집단을 높이고 다른 집단을 낮추려는 뿌리 깊은 욕망이 인간에게 존재하기 때문일 것이다. 조금 낯간지럽기는 해도 이런 자화자찬식의 전략은 이기는 언어에서 반드시 감수해야 할 지점이다. 사이사이 잠깐씩 상대를 칭찬할 수도 있다. 하지만 그것도 결국에는 우리 집단이 더욱 노력하여 다른 집단을 초월할 수 있도록 채찍질하는 역할에 머문다.

물론 모든 것은 지나치면 독이 된다. 이 방법도 도를 넘어 '다른 사람들'을 모든 악의 원인으로 몰아붙인다면 심각한 위험을 초래할 수 있다. 다른 집단을 모두 적으로 간주하고 소통을 차단한다. 이런 식의 사고는 순식간에 불이 붙어서 엄청난 파괴력을 발휘할 수 있다.

작은 집단이라면 스스로를 완전히 고립시키거나 극단화할 위험이 있다. 테러 집단들의 이데올로기는 항상 이런 적대적 사고방식에 근거를 두고 있다. 하지만 집단의 규모와 관계없이 모든 집단은 이런 식의 사고에 사로잡힐 수 있다. 조금이라도 나와 다른 사람을 가만히 두고 보지 않으려는 다수의 횡포를 어디서나 쉽게 목격하지 않는가.

이처럼 이 방법의 심각한 부작용을 충분히 인지한다 해도 유혹을 뿌리치기란 쉽지 않다. 자기 집단의 결속력을 강화하기 위해 오로지 전략적인 이유에서 '다른 사람들'에 대한 원한을 부추기는 것이다.

2001년 9.11 테러가 터지고 난 뒤 미국 대통령 조지 부시는 '악의 축'이라는 구호를 유행시켰다. 이는 이란, 이라크, 북한 이 세 국가를 지칭하는 말로, 이들 국가가 각기 다른 방식으로 테러리스트들과 결속하여 세계 평화를 위협한다는 주장이었다. 그의 표현은 80년대 로널드 레이건이 소련을 지칭할 때 사용하였던 '악의 왕국'이라는 말에서 차용한 것이다.

'우리'에서 '여러분'으로

전략적으로 볼 때 '우리'의 강점은 다른 사람들의 거부감을 불러일으키지 않으면서도 자기 자신들을 아낌없이 띄울 수 있다는 점이다. '우리'라는 말 속에는 '모두'가 포함되어 있고, 약간 낯간지러운 말들을 지어낸다고 해도 싫다고 할 사람이 없을 것이기 때문이다. 바로 이런 점을 이용하여 결정권을 장악하려는 사람들이 있다.

"우리가 멋진 건 내가 정상에 서 있기 때문이다."

그들이 전하고자 하는 메시지는 바로 이것이다.

이기는 언어는 여기서 한 걸음 더 나아갈 수 있다. 그저 듣기 좋은 '우리'를 남발하는 대신 갑자기 손에 들고 있던 공을 이끌고자 하는 사람들에게로 던지는 전략이다.

지금부터는 '우리'에서 '여러분'에게로 공이 넘어간다. 이 기술을 가장 절묘하게 사용할 줄 아는 사람 역시 버락 오바마이다. 일단 '우리 감정'에 불을 지핀다. '우리는 이것을 원해서 저것을 말하고자 한다.' 그러다 갑자기 자기는 옆으로 빠지고 청중들을 홀로 남겨둔다. 이때부터는 '청중'이 주인공이 된다.

"'여러분'이 이것을 원하고 '여러분'이 이것을 말하고자 한다!"

준비만 철저하다면 이는 효과가 아주 탁월한 전략이다. 청중은 연설하던 사람이 '우리 중 하나'라고 생각했다. 그가 원하는 것은 바로 '우리가 원하는 것'이다. 그는 '우리의 도구'요, '우리의 시종'이다. 그런데 갑자기 그가 뒤로 물러나는 순간, 우리는 뼈저리게 느낀다. 우리가 그를 얼마나 필요로 하는지! 그가 얼마나 우리에게 절실한 사람인지.

"Yes, We Can." 슬로건을 펼쳤던 바로 그 연설에는 버락 오바마가 자신의 경쟁자들을 조국을 사랑하는 애국자로 칭송하는 구절이 들어 있다. 그러던 그가 갑자기 이런 말을 던진다.

"우리의 선거 전략이 다른 이유는 제가 대통령으로 무엇을 할 것인가에 있지 않습니다. 이 나라를 바꾸기 위해 이 나라를 사랑하는 사람들, '여러분'이 무엇을 할 수 있는지가 중요합니다. 그러기에 오늘 저녁은 '여러분의 것'입니다."

독일의 좌파 정치가 그레고르 기시도 이런 기술을 아주 잘 활용할 줄 아는 사람이다. 기시는 가끔씩 자신을 '당신'이라는 말로 부른다.

그 효과는 도취한 독백과 다정한 역할 바꾸기의 혼합물과 같다. '당신이 내 입장이라면 어떤지 상상해 봐라!' 이런 메시지를 전달한다.

이 전략으로 그는 우리에게 인간적으로 한 걸음 다가온다. 왠지 친숙한 느낌과 호감을 선사하는 것이다. 그의 말을 아첨이라고 비판하는 사람들도 많지만, 그들은 애초부터 그에게 호감이 없던 사람들이다. 그가 청중에게 던지는 '당신'은 우리를 끌어들이는 독백을 통해 정당화된다.

2002년 그레고르 기시는 베를린 시의회의 경제 위원회 위원이었다. 어느 인터뷰에서 그는 이런 말을 했다.

"당연하지요. 정부의 책임자 자리를 맡게 된다면 당신 역시 불쾌한 결정에 참여하겠지요."

시의회 회의에 대해서는 이렇게 말했다.

"당신이 문제 하나를 들고 회의장에 들어갔다고 해 봅시다. 나올 때는 당신 손에 10개의 다른 문제가 들려 있어요."

그의 '당신'을 '나'로 한번 바꾸어 보면 전략의 효과가 확실히 드러난다.

"당연하지요. 정부의 책임자 자리를 맡게 된다면 나 역시 불쾌한 결정에 참여하겠지요."

이 말은 기시 혼자에게만 해당되는 구절이다. 우리는 전혀 상관이 없다. 하지만 주어가 '당신'으로 바뀌면서 우리는 세상을 기시의 관점에서 바라보게 된다. 그는 우리를 자기편으로 끌어들인다. 심지어 우리는 그의 말에 동의하고픈 마음이 생길 정도다.

오바마의 '여러분'과 기시의 '당신'이 제 효과를 발휘하려면 가끔씩 '나'와 '우리'를 섞어 넣는 것이 좋다. 그래야 '여러분'과 '당신'이 더 큰 비중을 얻게 된다.

결정적인 장소에 적절한 방점을 찍어야 한다. 그렇지 않으면 연설이 밋밋해지고, 뛰어난 전략도 괴상한 언어 습관 정도로 효과가 떨어지고 만다.

'우리' 법칙에 대한 대응전략

'우리'가 무조건 나쁜 것만은 아니다. 잘하면 당신도 같은 배에 올라타 이익을 끌어낼 수 있다. '우리'에 동참하여 이런저런 제안을 하고, 여러 가지 요구를 전달할 수 있다. 또 상대가 던진 '우리'에게 의혹을 제기할 수도 있다. 상대가 자신의 이익을 '우리 이익'이라고 우긴다는 의심이 들 때는 정확하게 그 점을 꼬투리로 잡으면 된다.

아예 대놓고 상대의 '우리'에 거부 의사를 표하면 효과는 더 커진다. 우리 모두에게 이익이 돌아갈 것이라는 상대의 주장에 드러내놓고 이의를 제기하면 된다.

"당신한테 좋다고 우리한테도 다 좋은 건 아니지요."

물론 이런 대응전략은 상대와의 관계를 악화시킬 위험이 있다. 특히 그가 '우리 집단'에서 든든한 지지를 받고 있다면 당신이 오히려 압박을 받을 수도 있다.

그래서 나온 조금 더 교묘한 대응전략이 바로 '상대가 우리 중 하나가 아니'라고 주장하는 것이다. '상대는 우리 집단이 아니라 우리와 다른 사람이다!' 버락 오바마의 정적들이 이 방법을 사용했었다. 그들은 그가 미국에서 태어나지 않았기 때문에 '진짜 미국인'이 아니라고 주장했다. 심지어 그가 기독교인이 아니라 이슬람인이라는 주장도 제기되었다. 물론 그것은 중상모략이었다. 하지만 설사 주장이 맞다고 해도 이런 종류의 대응전략은 원한과 잠재적 거부감을 부추기기에 바람직하지 않다. 그러므로 될 수 있는 대로 사용하지 말아야 할 것이다. 당연히 상대가 이런 전략으로 나올 때는 당당히 맞서 싸워야 한다.

당신이 속한 집단의 리더가 집단의 지원을 받기 위해 '다른 사람들'을 계속 무시할 경우 당신은 무엇을 할 수 있을까? 비열하지만 안타깝게도 일상생활에서 자주 목격되는 전략이다. 이럴 때는 다른 방법이 없다. 정체를 까발리고 공개적으로 비판해야 한다. 그런데 그러자면 위험이 만만치 않다. 상대가 집단의 힘을 모아 당신을 공격할 수도 있다. 따라서 아래의 조건이 갖추어졌을 때만 대응에 나서도록 하자.

- 당신이 집단 내에서 지원군을 많이 확보했을 때
- 다른 사람들(최대한 도덕적으로 권위가 있는 사람들)과 동맹을 맺을 수 있을 때

이럴 때 최대한 빨리 당신의 의견을 발설해야 한다. 일단 사람들의 머리에 당신에 대한 거부감이 자리를 잡게 되면 그에 맞서 싸우기란 거의 불가능하다.

비용 절약을 위한 초간단 핵심 메시지

사람의 마음을 움직이려면 말이 정곡을 찔러야 하고 이해하기 쉬워야 한다. 한마디로 '명료하면서도 무엇보다 간단해야 한다'는 뜻이다. 앞뒤가 안 맞는 말이나 복잡한 설명은 피해야 하며, 쓸데없는 부가 설명으로 오히려 듣는 이의 이해력을 떨어뜨려서는 안 된다.

'간단한 핵심 메시지'는 물리적, 정신적 비용을 절약한다. 이로 인해 사람들의 사랑을 받는 것이다. 귀에 쏙 들어오는 좋은 핵심 메시지는 만족감을 주므로 그것을 인정하고픈 마음이 일게 한다.

모든 문장과 말에는 복잡한 내용들이 들어있기 마련이다. 논리와 근거, 반박, 사례, 반대 사례, 미사여구 등 온갖 것들이 자리를 차지하고 있다. 핵심 메시지는 이런 복잡한 텍스트나 연설문, 토론문을 한눈에 꿰뚫어 볼 수 있도록 해 주는 정신의 현미경과 같다.

핵심 메시지만 기억하는 뇌

연설이든 회의든 개인이 발언한 내용은 순식간에 잊히기 마련이다. 듣는 사람의 입장에서는 자신에게 중요하거나 깜짝 놀랄만한 내용만 추려내고 나머지는 그냥 흘려듣는다. 그렇게 추려낸 내용마저도 극히 일부만 기억에 저장되고, 그조차 정확한 문구 그대로 기억하는 것은 아니다. 우리는 귀로 들은 내용을 내 나름의 이해력으로 받아들인다. 다시 말해 상대의 입에서 나온 말을 내가 이해하고 싶은 대로 이해한다는 것이다.

그러니 말이나 텍스트가 정리정돈이 안 되어 있을수록 내 마음대로 이해하고 곁길로 빠질 확률도 그만큼 높아진다. 바로 이런 위험을 막아주는 것이 '핵심 메시지'이다.

핵심 메시지는 청중이 따라올 수 있도록 길을 잘 닦아 놓는다. 청중의 뇌리에 반드시 남아있어야 할 지점을 꼭 짚어 알려주는 것이다. 따라서 너무 많은 핵심 메시지를 나열하지 않도록 유의해야 한다. 세 가지 이상의 메시지는 오히려 집중력을 떨어뜨린다.

핵심 메시지는 근거, 증거를 제시하지 않는다. 반박할 수 있는 논리도 아니다. 핵심 메시지는 간단하고 감정에 호소하며 직선적이다. 상대를 어떤 깨달음으로 이끄는 것도 아니고, 나의 관점을 한 번 더 요약하는 것도 아니다.

간단한 메시지가 승리한다

핵심 메시지는 무엇보다 간단해야 한다. 복잡하면 이미 핵심 메시지가 아니다. 간단한 메시지는 듣는 사람의 사고 작업을 덜어줄 수 있어 무엇보다 강력하다.

하지만 바로 여기에 딜레마가 있다. 어떤 주제를 두고 깊이 있게 파고들다 보면, 너무 심한 단순화에 자신도 모르게 저항하게 된다. 너무 간단하게 표현해 놓으면 무언가 빠진 것 같은 허전함이 밀려드는 것이다. 특히 당신이 그 분야의 전문가라면 너무 단순한 메시지를 통해 평판이 나빠질 수도 있다. 그 메시지만 보고 다른 동료들이 당신을 얕잡아 볼 수도 있다.

그렇지만 토론 자리에서 상대가 단순한 메시지로 청중의 신뢰를 얻는 바람에 당신이 손해를 본다면 그게 다 무슨 소용이 있겠는가. 뛰어난 논리의 힘을 전폭적으로 신뢰하는 것은 너무 경솔한 짓이다. 제아무리 걸출한 논리도 너무 복잡하거나 설명이 부족한 탓에 전혀 먹히지 않는 경우가 얼마나 많은가. 청중의 동의는커녕 불만만 불러일으켜 이런 하소연이 쏟아진다.

"꼭 저렇게 복잡하게 만들어야 해?"

또 상대의 핵심 메시지가 열화와 같은 호응을 얻은 경우엔 그 어떤 반박 논리도 다 소용없다. 반박하려는 당신은 괜한 트집이나 잡는 좀생이로 전락하고 말 것이다.

"이 벽을 허물어 주십시오!"

베를린 장벽이 무너지기 2년 6개월 전, 당시 미국 대통령이던 로널드 레이건이 베를린을 방문했다. 그리고 브란덴부르크 문 앞에서 연설을 했다. 그의 연설은 소련 대통령 미하일 고르바초프의 개혁 정책을 지지하는 내용이었다. 당시 레이건은 고르바초프와 달리 독일에서 인기가 없었지만, 고르바초프에게 자기가 한 말을 실천하라는 그의 요구는 독일인들의 환호를 얻었다. 청중의 박수갈채를 받으며 레이건은 이렇게 말했다.

"미스터 고르바초프, 이 문을 열어주십시오!"

그리고 잠시 후 이렇게 덧붙였다.

"미스터 고르바초프, 이 벽을 허물어 주십시오!"

한 번 더 강조하지만, 핵심 메시지는 이성적인 논리가 아니다. 논리와는 차원이 다른 문제이다. 마음을 움직여야 하고, 마음을 사로잡아야 하며, 직접 청중을 설득해야 한다. 물론 그렇다고 해서 논리의 중요성을 완전히 무시하고 논리는 아예 신경 쓸 필요가 없다는 말은 절대 아니다. 절대 그렇지 않다. 당연히 말이나 글은 논리가 있어야 하고, 자기 입장의 근거를 제시해야 한다.

하지만 우리가 상상하는 팽팽한 논리의 싸움 같은 것은 없다. 그런 건 교과서에나 존재한다. 실제 생활에서 토론은 전혀 다른 양상이다. 우리의 상상보다 훨씬 혼잡스럽고 비합리적으로 진행된다. 나의 의견을 완벽하게, 논리적으로 설명할 수 있는 경우는 거의 없다.

핵심 메시지와 관련하여 '논리'는 메시지를 떠받치는 기능, 나아가 장식적인 기능을 맡는다.

자, 이런 식이다. 뭔지 모르겠지만 당신의 견해는 훌륭해 보인다. 근거도 확실하다. 그렇지만 많은 부분을 이해할 수가 없어서 살짝 불안하다. 이때 당신이 간단한 논리로 설명을 해 주면 상대는 마음이 편해진다. 어쨌든 핵심 메시지를 이해했으니 중요한 부분은 간파했다는 느낌이 든다.

핵심 메시지의 원칙은 최대한의 단순성이다. 목표도 청중의 머리에 닻을 내리는 것이다. 그러자면 모든 것이 일목요연해야 한다. 심지어 상대의 말이 약간 미심쩍은 느낌이 들어도 짧은 공식으로 응축되어 있으면 그 말의 효과는 오래 남는다. 나중에 기억도 더 잘 난다. 그러면 계속해서 그 말을 상기시키기도 좋다. 무엇보다 상대의 머리에 못이 박히도록 만드는 것이 목표이기 때문이다.

"아프가니스탄은 전혀 좋지 않다"

독일 개신교 협의회 총회장직을 역임했던 마르곳 케스만은 독일 연방군의 아프가니스탄 파병을 비판하였다.

"아프가니스탄은 전혀 좋지 않다."

이렇게 짧고 응축된 그녀의 구절은 많은 이의 기억에 남았다. 그래서 지지자들도 비판가들도 계속 그 말을 인용하였다.

인상적인 문장 구조를 만들어라

당신의 메시지가 얼마나 잘 통하느냐는 형식에 달려 있다. 듣는 사람이 노력하지 않아도 귀에 쏙쏙 들어와야 한다.

어떻게 하면 그럴 수 있을까? 단순하고 친숙한 모델을 사용하면 된다. 대표적인 모델을 몇 가지 소개해 본다.

- **유추**: A는 B이다.
- **설명**: A는 B와 C로 이루어져 있다.
- **요구**: A를 하라! / B를 하지 마라!
- **대립**: A는 B의 반대이다.
- **반증**: A가 아니라 B가 옳다.
- **능가**: A가 좋지만 B는 더 좋다.
- **변증법**: A는 정, B는 반, C는 A와 B의 합이다

- **유사**: A는 B와 같다.
- **비교급**: A는 강하고, B는 더 강하며, C는 가장 강하다.
- **시간 순서**: 제일 먼저 A, 그다음으로 B, 다음으로 C. 혹은 어제는 A, 오늘은 B, 내일은 C.

거의 언제나 통하는 세 가지 기본 원칙이 있다.

유사성, 대비, 비교급이다.

이런 간단한 기본 모델을 바탕으로 감명 깊은 문장을 만들어 낼 수 있다.

"연대감은 민중의 사랑이다." (유추)

- 체 게바라

"정치는 하와이에서 서핑을 타는 것이다.
뒤에서 파도가 올지 절대 모른다." (유추)

- 독일 기사당 소속 바이에른 주 재무장관 마르쿠스 죄더

"우리는 믿기 위해 사는 것이 아니라 배우기 위해 산다." (반증)

- 달라이 라마

"두려워서 협상하지는 마라. 하지만 협상을 두려워도 마라." (유사)

- 존 F. 케네디

"오늘 행동해야 내일을 지킬 수 있습니다." (시간 순서)

-로널드 레이건

"나와 나의 정당이 한 잔의 지혜와 한 통의 영리함과

대양 같은 인내를 갖추기를 바랍니다." (비교급)

-독일 기사당 소속 바이에른 주 총리 호르스트 제호퍼

위의 사례를 통해 이미 눈치챘겠지만 대부분 **메시지의 핵심은 끝부분에 자리한다.** 케네디가 주장하는 바는 '협상을 하자'는 것이다. 호르스트 제호퍼는 지혜와 영리함보다는 '인내가 필요하다'고 보았다.

세 가지보다 두 가지, 두 가지보다 한 가지

세 가지 이상을 기억해야 할 경우, 상대는 당신의 말을 이해할 수 없게 된다. 그러므로 최대 세 가지를 넘지 않도록 메시지를 정리해야 한다.

예를 들어 미스 에더는 이런 의견이고, 미스터 폴은 저런 의견이고, 당신은 세 번째 의견이다. 이걸로 족하다. 여기에 더 많은 사람의 의견이 첨가되면 당신의 말은 힘을 잃고 만다.

그럼 네 번째 의견을 꼭 소개해야 하는 경우엔 어떻게 하나? 배치를 다시 하여 두 사람을 하나로 묶어서 다시 세 가지를 만들면 된다.

예를 들면 네 번째 의견이 등장했는데 너무 급진적이어서 기존의 미스 에더와 미스터 올의 의견 차는 아무것도 아닌 것처럼 느껴진다. 그러면 그 둘은 첫 번째 의견으로 묶고, 급진적인 의견은 두 번째로, 그리고 마지막 세 번째로 당신의 의견을 소개한다. (겸손해서가 아니라 그런 식의 배치가 가장 효과가 크기 때문이다)

두 가지 입장만 뽑아 대비시키는 것이 더 효과가 클 때가 많다. 우리 편과 상대 편 선과 악, 보수와 진보, 이상주의와 실용주의. 당연히 어떻게 나누느냐, 누가 한 배에 탔느냐에 따라 현격한 차이가 있다.

물론 비교 대상 없이 한 가지 메시지로도 효과를 낼 수 있다. 이런 메시지는 정적인 느낌, 천하무적, 보편타당하다는 느낌을 전달할 수 있다. 당신의 견해가 세상의 중심이요, 배꼽이다. 당신의 여유 있는 상태를 자랑하면서 당신의 견해에 무게를 실을 수 있다.

"나는 독일에 봉사하고 싶습니다"

2005년 연방의회 선거전에서 앙겔라 메르켈은 수상 게하르트 슈뢰더에게 이런 모토로 맞섰다.

"나는 독일에 봉사하고 싶습니다."

물론 슈뢰더의 겸손하지 않은 태도를 꼬집어 자신과 대비시킨 것이지만, 그녀의 말은 당당하면서도 감동을 준다.

너무 신중할 필요가 없는 단어 선택

문장 구조 못지않게 메시지의 원재료인 단어도 중요한 역할을 한다. 그리고 당신이 누구에게 말을 하는지, 어떤 상황인지에 따라 선택의 결과가 천차만별인 경우가 많다. 어떤 사람에게는 정곡을 찌르는 말이지만 어떤 사람에게는 '올해의 헛소리'가 될 수도 있다는 말이다.

그럼에도 좋은 핵심 메시지에는 공통점이 있다. **거의 언제나 아주 소박한 단어, 즉 일상어로 이루어져 있다는 것이다.**

가장 잘 먹히는 것은 고르고 고른 표현도, 전문용어도, 요즘 핫한 유행어도 아니다. 설사 주제가 전문적이거나 트렌디하다 해도 핵심 메시지는 일상어로 짠 직물이어야 한다. 최신 유행어를 줄줄 꿰고 있어 자랑하고 싶더라도 다른 곳을 찾아보든지 아니면 꾹 참고 벽장 속에나 넣어두어야 한다.

그런데 왜 일상어가 잘 통할까? **친숙하기 때문이다.** 정말 다양한 것들을 표현하기 때문에 일상어는 '공명실'이 더 크다. 다시 말해 전문어나 직업 용어의 명확한 표현들보다 함축하고 있는 내용의 그물이 훨씬 더 촘촘하다. 그래서 한참 유행하는 유행어보다 더 깊은 곳까지 가닿을 수 있다. 이는 자연스러운 단어일수록 효과가 더 크다.

'지나친 것은 모자란 것만 못하다'는 속담은 여기서도 통한다. 이해하기 쉬운 표현일지라도 최상급의 표현이나 '진짜', '정말', '완전',

'백프로' 같은 강조어의 남발은 인위적이라는 느낌을 풍긴다. 그래서 의도와 달리 메시지를 강조하기는커녕 더 축소시키는 결과를 초래한다.

결론적으로 간결하고 일상에 가까우면서도 전문적이지 않은 단어를 선택해야 한다. 특정 집단이 즐겨 사용하는 은어도 좋지 않지만, 너무 많은 사람이 써서 닳아버린 표현은 삼가는 것이 좋다.

마오쩌둥은 이데올로기와 마르크스 레닌주의의 학술적 용어들을 많이 사용하였다. 하지만 그의 핵심 메시지들은 일체의 마르크스주의적 용어를 피하고 전혀 다른 어투를 활용하였다. 그는 "온갖 꽃이 같이 피고 많은 사람이 각기 주장을 편다"는 모토로 '백화제방백가쟁명百花齊放百家爭鳴'을 피력했다. 그의 강력하고도 핵심적인 이 말은 '의견의 다양성과 건설적인 비판을 받아들인다'는 의미를 담고 있다. 하지만 지금 와서 생각하면 그의 그 주장은 위험할 수도 있을 사람들을 탐색해 내기 위한 전략이 아니었나, 하는 의심이 든다. 불과 일 년 만에 백화의 시대는 끝나고 비판가들은 감옥에 갇혀버렸으니 말이다. 그럼에도 여전히 사람들은 그 말을 애용한다. 백화의 메시지가 그만큼 강력한 반향을 불러일으켰기 때문이다.

반복의 저력

핵심 메시지는 계속해서 반복될 때 잠재력을 완전히 발휘할 수 있다. 뇌리에 새겨질 때까지 반복하고 또 반복한다. 또 바로 그렇기 때문에 간결해야 한다. 반복할 때는 절대 손대지 말고 있는 그대로 반복해야 한다. 변화를 주거나 손을 대면 메시지의 힘이 떨어진다.

계속 부딪치는 메시지로부터 벗어나기란 쉽지 않다. 자기도 모르는 사이 머리에 새겨지기 때문에 저항이 불가능하다. 그러면 결국 그것을 받아들이게 되고, 나아가 전달하게 되는 것이다.

'단순함과 반복'의 결합이야말로 최고의 설득력을 발휘할 수 있다.

쉬지 않고 떨어지는 작은 물방울이 바위를 깨뜨리듯 단순한 핵심 메시지가 끊임없이 반복된다면 그 어떤 저항도 막을 수 있다. 흔히 논리만 확실하다면 만사형통이라고 생각한다. 하지만 설사 그렇다 하더라도 다시 똑같은 핵심 메시지가 등장한다면? 물리쳤다고 생각했는데 다시, 또다시 불사조처럼 등장한다면? 그렇게 되풀이되는데 과연 무슨 대책이 있겠는가.

마하트마 간디는 이렇게 말했다.

"처음에는 그들이 너를 무시할 것이고, 그다음엔 너를 비웃을 것이며, 그러고 나면 너와 맞서 싸울 것이다. 그러면 네가 승리할 것이다."

진정한 핵심 메시지도 이와 다르지 않다.

"할 줄 아는 게 없어요"

게하르트 슈뢰더가 수상이던 시절, 야당 정치가들은 정부에 대한 비판을 항상 이런 말로 마무리 지었다.

"할 줄 아는 게 없어요." 특별히 자극적이거나 심한 표현이 아니지만 자꾸 듣다 보면 "정말 그런가?" 혹하게 되는 말이다.

핵심 메시지에 대한 대응전략

적확한 핵심 메시지를 논리적인 논거로 무력화시키기란 무척 어려운 일이다. 그만큼 매력이 넘치기 때문이다. "아프가니스탄은 전혀 좋지 않다."라는 간결, 정확한 메시지를 아프가니스탄이 얼마나 좋은 곳인지를 줄줄이 열거한다고 감히 허물어뜨릴 수 있겠는가.

그보다는 이렇게 대처해 보자. 첫째, 자신의 입장을 똑같이 매력적인 메시지로 전달하는 것이다. 당신의 논리가 더 뛰어나다면 당신의 메시지가 통할 전망도 나쁘지 않다.

두 번째로 경쟁자의 핵심 메시지를 손상시키는 방법이 있다. 유머를 섞을 수 있다면 훨씬 더 부드러운 대처법이 될 수 있을 것이다. 상대의 표현을 꼭 짚어 전혀 다른 맥락에다 집어넣어 버리는 것이다. 아니면 단어를 약간 바꾸어 전혀 다른 의미를 부가해 버린다. 한 마디로 상대의 핵심 메시지를 '우롱'하는 방법이다.

전혀 다른 세 번째 방법은 전문가의 카드를 내미는 것이다. 물론 이 카드는 당신이 그 분야의 전문가라는 전제조건하에서 사용할 수 있다. 듣는 사람들이 이해하지 못할 전문적 비판을 늘어놓지 말고 그냥 한마디로 잘라 버린다.

"이건 전혀 말도 안 되는 소리!"

이렇게 한마디 던져도 좋겠고, 눈썹을 치켜뜨고 "그런 걸 인정할 전문가는 없습니다."라고 못을 박아도 좋다.

그런데 거기서 한 걸음 더 나아가 상대의 메시지를 우스갯감으로 삼고, 그런 메시지의 주인공까지 웃음거리로 만드는 사람들이 적지 않다. 그런 짓은 절대 하지 말라고 권하고 싶다. 그런 식의 더러운 대응방법은 공격하는 당사자에게도 해를 입힐 수 있다.

주의할 것! 그럴 때 당신을 모욕하려는 사람이 직접 나서지 않고 제삼자의 손을 빌리는 경우가 종종 있다. 이럴 경우, 그런 모욕적인 대응으로 이익을 보는 사람이 누구인지를 확실히 밝혀라. 당신은 그를 진짜 범인으로 알고 있다는 사실도 밝혀야 한다.

개념을 점령하고 낙인찍고 바꿔라

우리가 사용하는 말은 중립적이지 않다. 특정 사상 및 감정과 결합되어 있다. 말은 듣는 사람을 행복하게 혹은 주눅 들게도 하며, 마음을 어루만져 주기도 하고 화를 돋우기도 한다. 똑같은 상황도 어떤 사람이 말을 하느냐에 따라 완전히 다른 모습을 띨 수 있다.

그렇지만 우리가 단어를 선택할 때는 마음 내키는 대로 하는 것이 아니다. 기존의 단어 저장고에서 적당한 단어를 신중히 골라야 한다. 그리고 그렇게 고른 단어에는 자기 고유의 '풍미'가 배어 있다. 새 개념을 만든다고 해도 온전히 자유로울 수는 없다. 기존의 개념을 결합하며 만든 말이든(예 : '실습 비용'), 외국어에서 빌려온 말이든(예 : '스토리텔링'), 인위적으로 만든 말이든 그 단어들의 함의에서 완전히 벗어나지는 못한다.

우리가 얼마나 언어적 경험에서 자유롭지 못한가를 보여주는 사례가 바로 '네이밍'이다. 기업들은 신제품이 나올 때마다 적당한 이름을 찾기 위해 엄청난 돈을 들인다. 제품명은 일단 듣기 좋아야 할 뿐더러 그 제품의 특성과도 잘 맞아야 한다. 자동차의 이름이 '엘르'일 때와 '무스탕'일 때, 그 차이는 엄청날 것이다. 여성잡지의 이름과 소프트웨어의 이름이 같을 수는 없지 않겠는가.

의미 변경을 주의하라!

우리는 언어를 사용하면서 그것이 변하고 있다는 사실을 눈치채지 못한다. 어제 사용했던 단어들이 오늘 당장 달라지지는 않으니 말이다. 그렇지만 우리도 모르는 사이 언어는 의미를 바꾼다. 새로운 의미가 첨가되고, 이를 통해 '풍미'가 달라진다. 갑자기 어떤 말이 들불처럼 유행하다가 어느 순간 아무도 그 말을 입에 올리지 않는다.

이와 관련하여 두 가지 측면이 중요하다.

- 단어의 의미는 그 사용법에 따라 변한다. 평범한 표현이 위험한 상황을 지칭하는 데 사용되고 나면 갑자기 그 단어의 편안함은 온데간데없이 사라진다. 반대로 충격적인 개념도 갑자기 무서운 면모를 잃어버릴 수 있다.

• 어떤 개념이 긍정적인 의미를 띠느냐, 부정적인 의미를 띠느냐는 누가 그것을 사용하는가에 달려 있다. 상종하고 싶지 않은 집단이 사용했다는 이유만으로 어떤 개념이 사용 불가 판정을 받을 수도 있다.

새로운 개념이 매력적으로 보이면 사람들은 그것을 따라 쓰면서 널리 퍼트린다. 그러면 그 개념은 성공을 거둔 개념이 된다. 하지만 그 과정을 통해 닳게 되고 너무 흔해 빠진 낡은 개념이 되기도 한다. 될 수 있는 대로 남들이 너무 많이 쓰는 개념은 쓰지 마라.

풍미를 느끼는 감각

어떤 개념을 쓸 때는 먼저 그 개념에 어떤 함의가 달라붙어 있는지, 그것의 촉감이 어떤지를 파악해야 한다. '이 말을 들으면 사람들이 무서워할까? 감시당한다는 느낌이 들까? 마음이 편해질까? 거부감이 들까?'를 생각해야 하는 것이다. 당연히 사람들은 자기와 관련된 일을 긍정적인 의미를 띤 개념으로 장식하고 싶어 한다.

몇몇 대도시는 자동차 진입을 엄격히 제한하고 있다. 배기 가스량이 일정 수준을 넘어서는 자동차는 도심으로 들어갈 수가 없다. 시에서 정한 스티커를 붙인 차량만 도심으로 들어갈 수 있는 곳도 있다. 운전자의 입장에서 보면 이런 조치가 '진입 금지'겠지만 '금지'라는 말에는 부정적인 뜻이 들어 있다. 따라서 시 당국은 '환경존'이라는 말을 사용하여 운전자들의 반발을 줄인다. 환경에 대한 책임감이 조금이라도 있다면 이런 조치를 거부할 수 없을 테니 말이다.

반대로 긍정적인 개념에 부정적인 의미를 덧씌우는 경우도 있다. 2009년 경제 위기 당시 소비가 급감했다. 이런 상황에서 TV 토론 중 한 패널이 '공포의 절약'이라는 말을 사용했다. 그가 보기엔 국민들이 소비할 능력이 있는데도 비합리적인 공포 때문에 돈을 쓰지 않았다. 긍정적인 개념인 '절약'이 '공포'라는 개념과 결합되면서 부정적인 뜻으로 쓰인 사례다. '공포의 절약'은 그 패널의 예견대로 경제에 부정적인 영향을 미친다. 소비를 위축시켜 경기회복을 더디게 만들기 때문이다.

'공포의 절약'이라는 말이 사람들의 호응을 얻었던 데에는 그 말이 독일인들이 과거에 겪었던 다른 '공포들'을 상기시켰기 때문이다. '숲의 고사', '핵전쟁' 등 소위 '독일 공포'의 순간들 말이다. 그런 식으로 어떤 단어에 배어 있는 함의는 새로운 개념에 신빙성을 부여한다.

단순히 긍정과 부정의 의미를 넘어 하나의 단어에는 여러 가지 함의가 들어 있을 수 있다. 중앙에 개념이 하나 있고, 그 개념에서 사방으로 아주 다양한 함의가 가지를 뻗고 있는 나무와 같다. 가지를 친 함의들이 굳이 서로 연관될 필요는 없다. 어떤 식으로든 '스위치가 켜지면' 이 함의들이 서로 관련을 맺으면서 새로운 개념이 탄생

한다.

'독일인'이라는 개념에는 엄청나게 많은 함의가 들어있다. '규율', '낭만주의', '질서', '절약', '제3제국', '경제 기적' 등. '동독 건설'이라는 신조어는 이 중에서 '경제 기적'이라는 함의를 적극 활용한 사례이다.

독일인들은 2차 대전 이후의 '건설 시대'를 통해 '경제 기적'을 일구어냈다. 따라서 '독일인들'이 '동독 건설'로 제2의 '경제 기적'을 이루어낼 것이라는 주장은 신빙성을 얻게 된다.

물론 그렇다고 해서 여러 함의를 제멋대로 붙였다 떼었다 할 수는 없다. 함의마다 자리가 각기 다르다. 다시 말해 특정 단어를 들었을 때, 특정 문맥에서 금방 생각이 나는 의미가 있는가 하면, 그 개념과 느슨하게 결합되어 아련하게 다가오는 의미도 있다. 둘 다 그 단어와 별개로 생각해서는 안 된다. 전자에 너무 사로잡혀 후자의 의미를 무시하는 통에 사람들의 마음을 사로잡지 못한 개념이 적지 않으니까 말이다.

"후기 로마의 타락으로 이끄는 초대장이다"

독일 외무부 장관이자 부수상인 기도 베스터벨레는 2010년 2월 사회정책의 방향을 바꾸어야 한다고 주장하였다. 그가 한 신문에 발표한 글에는 이런 구절이 들어 있었다.

"노력 없는 복지의 약속은 후기 로마의 타락으로 이끄는 초대장이다."

> 베스터벨레가 '후기 로마의 타락'이라는 표현에서 떠올렸던 함의는 '몰락'과 '무위도식'이었을 것이다. 하지만 안타깝게도 그는 중요한 세 번째 함의를 미처 생각하지 못했다. 후기 로마의 타락은 상류층이 원인이었다. 그러니 그 표현을 들은 일반인들은 국가에서 돈을 받아서 뒹굴거리며 게으름을 피우는 가난한 사람들이 아니라 소위 돈 많은 부자들을 먼저 떠올렸을 것이다.

극단화의 부메랑

어떤 개념이 사람들의 주목과 관심을 끌려면 듣는 사람의 상상력을 자극하고 감정에 호소해야 한다. 그러자면 당연히 상황을 극단적으로 묘사하고 작은 것을 크게 부풀리는 방법이 동원되어야 할 것이다.

실제로 우리가 매일 접하는 뉴스만 해도 심하게 과장된 표현들이 난무한다. 세상은 엉망진창이고, 곧 전쟁이 터질 것만 같으며, 경제는 붕괴하고, 기후는 당장 내년이라도 자연 재앙을 몰고 올 것 같다. 조금이라도 자료에 손을 댄 흔적이 포착되면 무조건 '거짓'이요, '사기'요, '조작'이고, 세상엔 범죄자와 사기꾼, 살인범들뿐이다.

이런 자극적인 표현들이 온화한 표현에 비해 시선을 끄는 것은 사실이다. 하지만 빨리 달구어지는 냄비가 빨리 식듯 자극적인 표현의 효과는 빨리 사라진다. 더구나 그런 표현을 퍼트린 사람에게 효과가 부메랑처럼 되돌아온다. 모든 문제, 모든 사건을 '재앙'으로 부풀리는 사람의 말을 귀담아들어 줄 사람이 몇이나 되겠는가. 사람들은 그를 '양치기 소년' 취급할 것이다.

이기는 언어는 그런 과도한 표현을 사용하지 않는다. 별것 아닌 일을 크게 부풀려야만 사람들의 주목을 끌 수 있다는 것은 곧 그에게 '영향력이 없다'는 의미일 테니 말이다.

근심과 원한을 이용하라

그렇다면 이기는 언어는 상대에게 불쾌감과 불안을 조장하여서도 안 되는 것일까? 그렇지 않다. 이기는 언어는 아주 의도적으로 상대의 근심과 공포, 선입견을 이용하고, 원한까지도 목적에 활용한다. 이를 위해 상황을 부풀릴 수도 있다. 그렇지만 곧 세상이 무너질 것 같은 허무맹랑한 과장은 피해야 한다.

"연금 생활자가 난무하고 있다"

2008년 봄, 연금 인상 논의가 계속되자 독일 대통령 로만 헤어초크는 "우리는 연금 생활자 공화국으로 가고 있습니다."라는 말로 경고했다.

'연금 생활자'도 '공화국'도 따로 사용하면 전혀 위협적이지 않다. 그런데 두 단어가 결합되면서 갑자기 매우 위협적인 말이 되어 버렸다. '연금 생활자'는 일을 하지 않는 사람들이다. 더 정확히 생산적이지 못하고 시스템의 비용을 유발하는 사람들을 뜻한

> 다. 우리의 '공화국'을 그들이 점령한다면 어찌 걱정스럽지 않겠는가.

전도유망해 보이는 개념도 우리 마음 깊은 곳에 뿌리내린 공포를 자극할 수 있다. 예를 들어 외톨이가 될 수 있다는, 나만 따돌림을 당할 수 있다는 인간의 원초적 공포를 자극하면 그 개념이 거둘 수 있는 효과가 극대화된다.

'연금 생활자 공화국'과 달리 '지식사회'라는 표현은 매우 긍정적인 느낌으로 다가온다. 이 개념은 한 사회의 경제적 성공이 더 이상 물질에 달려 있지 않고, 지식에 좌우된다는 기본 사고를 바탕으로 한다. 그런데 그 '지식'이라는 것이 아주 특별한 종류의 지식이다. 신제품이나 서비스로 물질화하여 시장에서 판매할 수 있는 지식인 것이다. 따라서 이런 지식을 갖지 못한 사람은 지식사회에서 도태될 수밖에 없다.

개념을 선점하라

지금까지는 사물에 대한 특정한 시각을 전달하는 개념들에 대해 이야기하였다. 특정 시각을 전달하고 싶은 사람은 그와 관련된 개념을 널리 퍼트릴 것이다. 그 개념과 더불어 자신의 시각이 퍼져나갈 것이기 때문이다. 하지만 이제부터 설명할 개념들은 자신의 입장을 가치 있게, 상대의 입장은 별 볼 일 없게 보이도록 만드는 개념이다.

앞에서 말했듯 어떤 개념이 무엇을 지칭하느냐도 중요하지만, 누가 그 개념을 사용하는가도 그 못지않게 중요하다.

한 집단이 다른 집단을 배제하는 방법 중에는 자기들끼리만 통하는 개념을 사용하는 방법도 있다. 그 개념을 통해 집단 구성원의 소속감을 높이는 것이다. 따라서 라이벌 집단에 속한 사람이라면 그 개념을 사용하지 않도록 조심해야 할 것이다. 그 개념이 '터부'일 테니 말이다.

이런 개념들 중 상당수는 오로지 인식표로만 사용된다. 특정 전문어나 그 집단에서만 통용되는 특이한 표현 같은 것들이다. 또 긍정적인 이미지와 쾌감을 동반하기 때문에 선정된 개념들도 있다. 특히 정당에서 특정 주제와 개념을 선점하려는 노력이 두드러진다.

예를 들어 '사회적 시장 경제'라는 말은 전 독일 수상 루드비히 에르하르트의 정책이었고, 따라서 그가 소속된 기민당의 개념이 되어버렸다. '사회 정의'는 사회민주주의자들이 선점한 단어이며 '환경'과 '평화'는 녹색당, '자유'와 '세금 감면'은 자유민주당FDP의 상징으로 통한다.

먼저 선점을 했다고 해서 개념의 독점이 계속 유지되는 것은 아니다. 내가 선점한 분야에서 경쟁자들이 선두 자리를 탈환해 버릴 수도 있다. 보통은 상대의 개념을 살짝 변형시켜 자신들만의 새로운 개념을 창조하는 방법을 사용한다. 그래서 전 기민당 사무총장 하이

네 가이슬러는 '새로운 사회 문제'를 말끝마다 들먹였다. '환경'은 지금도 녹색당의 트레이드 마크지만, 그사이 다른 정당들도 '환경보호'를 정당 프로그램에 포함시켰다.

'좌파당'을 제외하고 독일의 모든 정당은 '중도'라는 개념을 선점하기 위해 노력한다. '새로운 중도'(게하르트 슈뢰더), '중도의 연정'(헬무트 콜), '생의 한 가운데'(앙겔라 메르켈이 이끈 기민당의 슬로건) 등이 대표적이다.

머릿속으로 그리는 세상은 전혀 딴판이면서 다들 자기가 '중도'라고 우긴다.

이는 정치에서만 목격되는 현상이 아니다. 경쟁이 벌어지고 집단들이 서로를 배척하는 곳이라면 어디서나 개념을 선점하려는 노력이 벌어진다.

> "그것이 우리가 원하는 바야. 바로 그것이 우리에게 특별한 의미가 있는 것이야."

이와 같은 신호를 보내려는 목적이다. 이는 청중의, 고객의, 유권자의, 지지자들의, 추종자들의 마음에 담긴 것을 표현하는 개념이기도 하다.

개념으로 상대를 짓밟아라

정반대의 방법도 널리 애용된다. 경쟁자와 적을 부정적 함의를 담은 개념으로 포장하는 것이다. 그러자면 두 가지 요건이 필요하다.

- 그 개념이 상대에게 딱 들어맞아야 한다.
- 그 개념이 실제로 부정적인 것을 지칭해야 한다.

듣기는 쉬워 보이지만 막상 적용하려면 까다로운 부분이 없지 않은 전략이다. 상대를 언어로 마구 공격하는 게 아니기 때문이다. 무엇보다 그 개념이 신빙성이 있어야 한다. 즉, 그 개념이 상대에게 딱 맞아떨어져야 하는 것이다.

대표적인 사례가 유서 깊은 개념이라 할 '리버럴liberal(자유민주적인. 진보적인)'이다. 얼른 생각하면 전혀 부정적인 뜻이 없을 것 같은 개념이다. 리버럴한 사상의 유산은 이제 '상식'의 일부가 되어 버렸다. 그럼에도 이 개념을 이용해 정적을 비난하려는 노력이 적지 않다.

미국의 우파들은 혐오스럽다고 생각되는 모든 것을 '리버럴'이라고 칭한다. 그들에게 '리버럴'은 '유약하고 원칙이 없으며 범죄자들에게 관대한 행동'이다. 또 이 단어로 평범한 국민들을 애국심이 없고, 신앙심이 부족하다며 거만한 자세로 깔본다. 한 마디로 '리버럴'을 욕으로 사용하는 것이다.

이 말이 이렇게 집중포화의 대상이 된 데에는 두 가지 이유가 있다.

첫째, 리버럴한 입장을 악의적으로 해석하기 때문이다. 예를 들어 리버럴한 입장의 사람들이 과도한 처벌보다는 교화 작업을 하자고 말하면 '범죄자에게 관대하다'는 식으로 해석한다.

둘째는 우파들이 끈질기게 물고 늘어졌기 때문이다. 우파들이 그런 식의 왜곡된 해석을 무리하게 지속하며 '리버럴한 사람들'을 공격의 목표로 삼았다. 그 때문에 많은 미국인이 '리버럴'이라는 개념을 나쁜 의미와 연관 짓게 되었다.

독일의 경우에도 '리버럴'은 부정적인 의미가 추가되었다. 하지만 '네오'라는 접두사와 결합될 때만 그렇다. 그래서 독일에서 '리버럴'은 보통 '개방적이고 관용적이며 관대하다'는 뜻으로 해석되지만, '네오리버럴'만큼은 부정적인 의미를 띤다.

원래 '네오리버럴'은 20년대 중반의 (경제)자유주의의 부흥을 지칭하는 말이었다. 그 방향의 가장 유명한 대표 주자로 '사회적 시장경제의 아버지' 루드비히 에르하르트를 꼽을 수 있다. 그런데 1980년대와 1990년대에 접어들면서 로널드 레이건과 마가렛 대처의 개혁을 비판하는 사람들이 그들의 정책을 지칭하면서 이 개념을 사용하였다. 이후 '네오리버럴'은 허약한 국가, 민영화, 이기주의, 강자의 권리, 공익보다 경제적 이익을 중시하는 태도, 빈익빈 부익부 등의 함의를 띠게 되었다.

이런 비판이 얼마나 정당한지는 우리가 다룰 문제가 아니다. 중요한 것은 '네오리버럴'이라는 개념이 새로운 의미를 얻게 되었으며,

정치적 투쟁의 개념이 되었다는 사실이다.

그런데 정작 '네오리버럴' 정책을 펼치는 당사자들은 그 말을 쓰지 않는다. 더구나 미국과 영국에서 '리버럴'을 욕설로 만들어 버린 그 정치 세력이 독일에서는 '네오리버럴리즘'의 산실로 꼽힌다. 아이러니하게도 애당초 '네오리버럴'하였던 루드비히 에르하르트는 '사회적 시장 경제'라는 콘셉트 덕분에 '네오리버럴리즘'에 저항하는 대표주자가 되어 버렸다.

개념으로 상대를 깔아뭉개는 또 한 가지 방법으로 상위개념이 있다. 상대뿐 아니라 사람들이 혐오하는 다른 집단을 포함하는 넓은 개념으로 둘을 묶어버리는 것이다.

상대를 세상이 다 인정하는 사고뭉치와 한 데 묶어서 둘을 똑같은 부류로 선포한다. 예를 들어 기자는 몽땅 '선정적인 기사만 노리는 언론의 대변인'으로, 기업 대표는 '경제 보스'로, 근로자의 대표는 '좌파 노조 간부'로 낙인을 찍는다. 사람들의 원한을 파악하여 어느 정도 납득할 만한 연관성을 만들어 내기만 하면 된다.

개념을 관철하라

개념이 가진 힘은 특히 다른 개념을 쫓아내고 새로운 개념을 관철시킬 때 여실히 드러난다. 가장 평화로운 상황은 새 개념이 너무 정확한 표현이라는 것을 인정하고 다른 사람들도 사용하는 경우이다. 하지만 강압에 의해 억지로 사용하게 되는 경우도 적지 않다. 사장님이 어떤 단어를 사용하면 당연히 부하직원들도 그 말을 써야 한다. 사장님의 눈 밖에 나지 않기 위해. 특정 표현을 공개적으로 비판하는 경우도 드물지 않다. 사장님이 직원의 말에 대놓고 불만을 표시한다.

"그 말은 마음에 안 들군요."
"지금 인적 자원이라는 말을 썼는데 너무 기계적인 느낌이 안 드나요? 어차피 사람 아닙니까? 그냥 '우리 직원들'이라고 부르면 훨씬 듣기가 좋을 텐데요."

많은 기업에서 '문제'라는 표현을 좋아하지 않는다. '부정적'인 느낌이 들기 때문이다. 그 대신 '도전'이라는 말을 선호한다. 뭔가 적극적이고 활동적인 느낌이 드는 말이다.

높은 자리에 있는 사람이 아니고서는 그런 지적을 함부로 무시할 수 없다. 설사 높은 자리에 있다 해도 무조건 무시하다가는 갈등을 초래할 수 있다. 하지만 거꾸로 그 점을 노려 상대의 지적을 무시하고 계속 자신의 표현을 고수하는 전략도 있다. 그것보다 더 권력을 과시할 수 있는 전략이 어디 있겠는가.

두말할 필요가 없다. 개념을 관철시키려면 권력이 필요하다. 하지만 반드시 본인이 직접 권력의 자리에 있어야 할 필요는 없다. 권력을 가진 사람이 내 개념을 써주기만 하면 된다. 실제로 특정 언어 규칙을 퍼트릴 수 있는 사람이 그 개념을 만든 사람과 동일인인 경우는 거의 없다. 그러니 높은 자리의 사람이 그 개념을 '채택해 주기'만 하면 된다.

그리고 무엇보다 그 개념이 사용되어야 한다. 최대한 '적임자'가 그 개념을 사용해야 한다. 반드시 윗사람이거나 조직의 내부인이어야 할 필요는 없다. 말솜씨가 좋아서 사람들이 경청하게 되는 그런 사람이 바로 '적임자'이다.

개념을 재해석하라

긍정적인 의미의 단어를 부정적으로 바꿀 수도 있고, 부정적인 개념에 긍정적인 의미를 덧입힐 수도 있다. 전자에 대해서는 앞에서 언급했던 '네오리버럴리즘'과 '번영의 땅'을 실례로 자세하게 설명하였다.

후자의 경우, 즉 욕설이나 비난의 칼날을 무디게 만드는 방법은 베를린 시장 클라우스 보베라이트의 커밍아웃을 통해 설명할 수 있겠다. 그는 동성애자임을 밝히고서도 당당히 시장에 선출되었다. 이렇게 자신의 성 정체성에 당당한 정치인들 덕분에 '동성애자'라는 개념은 예전보다 훨씬 긍정적인 의미를 얻게 되었다.

부정적인 꼬리표를 오히려 새로운 상표로 만들어버린 재해석의 사례도 있다. 비판에 대한 이보다 더 강한 저항은 없을 것이다.

이라크 전쟁 때 미국 국방부장관 도널드 럼스펠드는 '구'유럽과 '신'유럽을 구분하였다. 그가 하고 싶었던 말은 '신'유럽 국가들에게 미래가 있다는 것이었다. 고리타분한 '구'유럽은 시대의 변화를 읽지 못하기에 도태할 수밖에 없을 것이라는 뜻이다. 하지만 오히려 '구'유럽은 그의 꼬리표를 기꺼이 받아들였다. '구'라는 개념이 긍정적인 의미로 해석될 수 있기 때문이었다. 즉, 경험이 많고, 전통이 깊기 때문에 '신'유럽과 달리 조변석개하지 않는 '무게 있는 나라'라는 의미일 수도 있다.

개념 재해석에 대한 대응전략

상대가 던진 개념이 뭔가 부적절하고 불쾌한 느낌이 든다면 어떻게 해야 할까? 그런 '헛소리'는 비판을 하고 더 정확한 표현으로 대체하면 되겠지만, 살다 보면 항상 그것이 가능하지는 않다. 상대가 끈질기게 말도 안 되는 개념을 꾸준히 고집하며 사용한다면 그때마다 비판을 할 수도 없다. 그런 경우엔 그 '헛소리'를 의도적으로 사용하되 그 말의 정확한 의미가 무엇인지 확실하게 밝히는 것이 좋다. 다시 말해 상대가 숨기려 하는 부정적인 의미를 다시 끄집어내는 것이다. 의외로 이 방법은 효과가 크다.

유고슬라비아 내전이 한창이던 1990년대 '인종청소'라는 말이 한창 유행했다. 다른 민족은 '쓰레기'이기 때문에 그들을 추방하거나 살해하는 것은 위생적으로 마땅하다는 뜻이었다. 이 얼마나 끔찍

한 표현인가. 이는 그냥 '대량학살'과 다름없었다. 학살을 미화하기 위해 '청소'라는 개념을 도입한 것이다.

다행스럽게도 '인종청소'라는 개념은 더 이상 학살을 숨기는 중립적인 표현이 아니다. 요즘엔 그 말을 듣는 사람은 곧바로 당시의 잔학성을 떠올리고, 따라서 사람과 관련된 '청소'라는 말은 곧 '범죄'를 의미한다.

이밖에도 개념 재해석에 대한 대응전략은 네 가지가 더 있다. 첫 번째, 긍정적 개념에 부정적인 의미를 추가하거나 부정적인 개념을 긍정적으로 해석하는 방법이다. 이 전략의 성공 여부는 '반복'에 달려 있다. 거듭거듭 그 개념을 입에 올려야 한다. 계속 쓰고 또 써야 개념을 중화시키거나 다시 재해석할 수 있다. 그렇지만 모든 개념에 반응을 보이는 것은 바람직하지 않다. 반응만 하다가는 수세에 몰릴 위험이 있기 때문이다. 따라서 두 번째 방법인 자신의 입장이나 상대의 약점을 가장 잘 드러낼 수 있는 개념을 직접 만드는 대응전략을 구사해 보자.

세 번째 대응전략은 '개념을 해체하는 것'이다. 다시 말해 그 개념 뒤에 무엇이 숨어 있는지, 상대가 어떤 목표를 추구하는지, 어떤 측면을 숨기고자 하는지를 설명한다. 그 개념이 조작이라는 것을 까발리고, 이를 통해 그 개념의 위험성을 무너뜨린다. 하지만 까발리는 것만으로는 충분하지 않을 때가 많다. 상대가 여전히 그 개념을 쓰면서 당신에게 해를 가할 수 있기 때문이다. 따라서 이 전략은 보충 수단으로만 사용하는 것이 좋다.

마지막으로 대놓고 상대에게 그 개념을 쓰지 말라고 요구하는 방법이 있다. 상대가 말을 듣지 않으면 더 이상의 관계를 단절한다. 하지만 이 방법은 당신이 상대보다 지위가 높을 경우에만 권하고 싶다. 상대가 비공식적인 자리에서 더 열심히 그 개념을 사용할 위험도 남아있다.

권력의 은유

흔히 은유법은 권력과 무관하다고 생각하기 쉽다. '은유'는 문학의 재료나 확실한 의사 결정을 미룰 때나 쓰는 도구로 치부하기 때문이다. 간단명료하게 말할 수 없을 때, 의미를 흐리고 싶을 때나 쓰는 방법이라고 말이다.

하지만 그건 큰 착각이다. 잘만 쓰면 은유는 천하무적의 전략이 될 수 있다. 은유는 논리적인 근거나 설명으로 대응할 수 없는 독특한 설득력을 갖고 있다. 은유는 구체적이고 생명력이 넘치며 우리의 사고방식에 부응한다.

언어의 인식기관, 은유

그렇다면 '은유'란 대체 무엇인가? 은유는 어떻게 작동하는가? '은유'라는 말은 그리스어 'Metapherein'에서 나왔으며, 원래의 의미는 'over carrying', 즉 '건너편으로 나른다'는 뜻이다. 무엇을 나른다는 것인가? 대상 A의 의미를 대상 B에게로 건네는 것이다. 특정한 관점에서 보면 'A는 B와 같은 것'이다. 너무 간단하게 들리지만 그것이 품은 가능성은 거의 무한대이다.

따라서 은유를 이용하면 상대가 이해하지 못하는 것을 이해시킬 수 있다. 설명하고자 하는 것을 상대가 잘 알고 있는, 상상이 가능한 다른 것과 연관시킨다. 은유는 비교를 이용하여 상대에게 당신의 뜻을 명확히 전달한다.

"환경보호는 조용히 흐르는 긴 강이다"

RGA사는 환경 기술을 개발하는 기업이다. 사장인 홀거 도른바흐는 이 업계의 비전을 지류가 많은 큰 강에 비유한다.

"살다 보면 역류를 만날 때도 있겠지요. 그렇지만 강이 흐르는 방향을 거꾸로 돌릴 수는 없는 법입니다."

은유는 문학에서나 사용하는 기술이라 생각하기 쉽지만, 지극히 일상적인 방식이다. 자세히 보면 우리는 새로운 것, 복잡하거나 추상적인 것은 거의 예외 없이 은유를 이용해 설명한다. 달리 방법이 없다. 언어학자 조지 레이코프의 말처럼 "우리는 은유로 생각한다." 하지만 대다수는 그런 사실을 깨닫지 못한다. 그만큼 은유는 우리의 언어와 문화에서 뺄 수 없는 고정메뉴인 것이다.

예를 들어 보자. 돈이나 경제를 이야기할 때 우리는 자주 '물'을 은유로 사용한다. "경제의 바다에서 헤엄을 친다". "자금 유동성", "돈이 고갈되다" 등등이 은유적 표현이다.

같은 사안에 대해서도 여러 가지 은유가 가능하다. 사실 복잡한 대상을 한 가지 은유로 어떻게 다 커버하겠는가. 그래서 돈에 대해 이야기할 때는 여러 분야에서 나온 은유가 사용된다. 자금을 "축적한다"든지 자금을 "수혈했다"든지, "보릿고개를 넘겼다"든지 하는 표현은 돈과 관련된 다양한 은유의 대표적인 사례이다.

은유는 세상을 이해하도록 도와준다. 은유가 없다면 직접 눈으로 보지 못한 것은 '상상'도 할 수 없는 처지가 되고 말 것이다. 작가 닐 포스트먼의 말대로 은유는 '인식기관'이다. 은유는 상세하게 설명해 준다. 하지만 부분적인 한 측면만을 포착하기 때문에 한 가지 대상에도 여러 가지 은유를 사용할 수가 있다.

기존의 은유 vs 창조적 은유

은유에는 누구나 사용하는 '기존 은유'가 있고, 나만 사용하는 '창조적인 은유'가 있다. 사람의 마음을 잡으려면 이 둘을 가리지 말고 사용해야 한다. 물론 상황에 따라 적절하게 선택해야 할 것이다.

- '기존의 은유'는 우리의 관념 세계에 깊이 뿌리를 내리고 있다. 아무도 의심하거나 의문을 제기하지 않기 때문에 편안하게 사용할 수 있다. 마음껏 쓰고 싶은 만큼 활용해도 듣는 사람들이 무난히 따라올 것이다. 다만 오래 사용되다 보니 활력과 힘은 떨어진다.
- 직접 개발한 '창조적인 은유'는 듣는 사람의 집중력과 상상력을 요구한다. 또 전달하고자 하는 메시지를 더 흥미롭게 만들고 더 많은 자유를 허용한다. 하지만 뜨악한 반응을 불러올 수 있고, 상대가 자기 마음대로 해석하여 전혀 예상치 못한 길로 빠져버릴 수 있다. 또 마음껏 많은 양을 쓸 수 없다.

앞에서 든 돈의 예를 살펴보자. "돈이 줄줄 샌다"든가 "돈을 물 쓰듯 쓴다" 같은 말을 들으면 누구도 '무슨 말인지 모르겠다'는 반응을 보이지 않을 것이다. 하지만 독창성을 발휘하여 돈을 색깔과 비교하여 '파란 돈'이랄지 '노란 돈'이랄지 하는 말을 하면 대부분은 못 알아듣겠다는 표정을 지을 것이다. 당연히 추가 설명을 해야 할 것이고, 썩 좋은 반응도 얻지 못한다. 우리의 관념 세상에서 색깔은 지불 수단과 크게 공통점이 없으니 말이다.

하지만 직접 개발한 은유에 호기심으로 반응하는 사람들도 분명 있을 것이다. 그래서 독창적인 은유는 성공만 한다면 기존 은유보다 훨씬 더 듣는 사람의 관념에 많은 영향력을 미친다.

디테일을 살려라

만약 색깔 은유를 사용했다면 이는 독창적이기는 하지만 큰 단점이 있다. 너무 추상적이어서 이해하기가 쉽지 않다는 것이다. 바로 이 점이 중요하다.

은유는 구체적이어야 한다. 상대의 내면에 이미지를 불러내야 한다. 또 그것을 차용한 분야가 듣는 사람에게 친숙해야 한다. 그래야 혼란을 피할 수 있다.

"따분하고 하품이 난다"

사장인 만프레트 브루너 씨는 직원들에게 평소에 '화합'을 강조했다. 이번에 그가 사용한 비유는 심포니 오케스트라였다. 각자 맡은 바 임무를 다하면서도 서로를 배려할 때 가장 아름다운 음을 만들어 내는 오케스트라처럼 전 직원이 서로 협력하자는 뜻이었다. 하지만 그의 비유는 직원들에게 공감을 불러일으키지 못했다. 아무도 클래식 음악에 관심이 없었기 때문이다. 그들이 오케스트라라는 말을 들으면 가장 먼저 떠오르는 생각은 '따분하고 하품난다'이다.

그렇다고 해서 항상 똑같은 비유로 주변 사람들을 괴롭히라는 말은 아니다. 그보다는 듣는 사람의 상상 세계에 가닿아야 한다. 앞에서 든 '큰 강과 역류'의 사례는 듣는 사람이 특별히 강에 대해 많이 알지 못해도 아주 설득력 있게 다가온다.

은유는 듣는 사람이 그 메시지와 연결시킬 수 있는 이미지를 떠올렸을 때 가장 잘 통하는 법이다.

어느 기업이든 노사 간의 임금 협상은 양측의 기싸움이 장난이 아니다. 회사 측의 협상 대표는 모두 함께 "얼음판에서 소를 끌어내보자."고 말했다. 그의 비유는 독창적이고도 구체적이어서 평생 한 번도 꽁꽁 언 호수에 서 있는 소를 본 적이 없는 사람이라도 단번에 그의 말뜻을 알아차렸을 것이다. 다들 이해했듯이 그 말은 조심스럽게 힘을 합쳐서 문제를 함께 풀어보자는 뜻을 담고 있다.

특이한 비유로 관심을 깨우자

'얼음판의 소'에서 이미 알아차렸을 것이다. 독창적인 비유는 호기심을 깨우고 즐거움을 준다. 혼란을 야기할 정도로 지나치지만 않는다면 말이다. 약간의 깜짝쇼도 괜찮다. 전달하는 메시지를 더 매력적으로 만들기 때문이다.

“나는 땅콩버터가 싫다”

인터넷 기업인 야후의 수석 부사장 브래드 갈링하우스는 기업의 사업 전략에 불만이 많아 일련의 개선안을 만들었다. 문제는 ‘어떻게 하면 경영진의 관심을 끌 수 있는가’ 하는 것이었다. 그는 4페이지짜리 제안서를 만들어 이런 제목을 붙였다. ‘땅콩버터 선언’.

그 선언문에서 그는 비판하고자 하는 사항을 조목조목 지적하고, 현재 기업의 전략을 ‘온라인 세상에 널린 무한한 가능성에 항상 똑같은 땅콩버터를 바르려는 노력’과 비교하였다. 그렇게 된다면 버터의 ‘얇은 층’이 모든 것을 덮어버려 사업의 중점이 무엇인지 파악할 수 없게 될 것이라고 말했다. 바로 이런 문장으로 말이다.

“저는 땅콩버터가 싫습니다. 우리 모두 싫어해야 합니다.”

그의 선언은 폭발적인 성공을 거두었다. 최고 경영진은 물론이고 월스트리트 저널의 1면에까지 기사가 실릴 정도였다. ‘땅콩버터’가 아니었다면 그 정도의 성공은 불가능했을 것이다.

이제 이에 대해 두 가지를 언급할 수 있겠다. 첫째, ‘땅콩버터의 은유’는 미국 문화와 깊은 관련이 있다. 미국 사람들이 땅콩버터를 즐겨 먹기 때문이다. 다른 문화권이었다면 ‘토마토소스 선언’ 같은 다른 은유를 택해야 했을 것이다.

둘째, 깜짝 놀랄만한 의외의 은유는 투철한 목표 의식을 갖고 아껴서 써야 한다. 너무 자주 쓰다 보면 효과가 급속도로 떨어진다. ‘토마토소스 선언’에 이은 ‘맥주 깡통 선언’, ‘소시지 선언’ 같은 제목이 줄줄이 이어진다면 지역 신문의 소식란에도 실리지 못할 것이다.

이렇게 해야 은유가 먹힌다

은유가 통하려면 세 가지의 신빙성이 있어야 한다.

- **전통**: 듣는 사람의 머리에 이미 깊이 뿌리를 내린 기존의 은유와 매치시킬 수 있는가?
- **의미의 부합**: 전하고자 하는 메시지와 은유가 서로 부합하는가?
- **조화**: 모순되는 점은 없는가? 메시지와 동떨어진 연상을 불러일으키지는 않는가?

1) 전통의 힘

기존의 은유가 아니라 직접 만든 은유를 사용할 때에도 듣는 사람은 그것을 전통의 연장선상에서 판단한다. 어떤 은유들은 사람들의 머릿속에 너무 깊이 각인되어 있어서 그것과 배치되는 은유는 절대 통하지 않을 정도이다.

보통 '출세'라는 말은 '길'과 결합되고, 그 출셋길은 힘들게 올라야 하는 가파른 오르막이다. 따라서 그런 이미지와 맞지 않는 은유는 큰 호응을 얻지 못할 것이다.

또 다른 중요한 측면이 있다. 여러 가지 주제에 이용할 수 있는 기본 은유, 기본 이미지가 많아야 한다는 사실이다. 이를 두고 '친숙한 은유의 모델', '문화의 거푸집'이라 부를 수 있겠다. 이미 앞에서 살펴본 '큰 강'이 바로 그런 은유이다. 잠시 멈추기도 하고 돌아가기도 하지만, 쉬지 않고 한 방향으로 흐르는 거대한 강! 그 강을 이용해 우리는 멈추지 않는 모든 종류의 발전을 설명할 수 있다. 또 작은 줄기로 시작했지만, 강물이 계속 유입되어 거대한 강으로 변모한 이미지를 떠올리면서 '시작은 미미했지만, 결과는 창대한 삶'의 다양한 상황을 비유할 수도 있을 것이다.

'걷기'도 은유로 많이 활용된다. "한 걸음 한 걸음", "이보 전진을 위한 일보 후퇴", "돌부리에 걸려 넘어지다", "황소걸음", "오리걸음" 같은 비유들을 떠올려보라.

이렇듯 익숙한 모델과 매치될 수 있을 때 은유는 신빙성을 얻는다. 듣는 사람이 맥락을 알고 있기 때문에 금방 이해할 수 있고, 많이 들었던 내용이므로 쉽게 믿을 수가 있다.

2) 의미부합

신빙성 있는 은유의 핵심은 메시지를 구체적이고 명확하게 설명하고 전달하는 것이다.

예를 들어 어떤 업무를 처리하는 데 시간이 걸린다고 하자. 아무리 재촉해도 안 되는 줄 뻔히 알면서 상사가 계속 압박을 행사한다. 화가 난 당신이 상사에게 항의하면서 스스로의 처지를 '눌러 짠 레몬'에 비유한다. 이 비유는 어느 정도의 효과를 발휘할까? 레몬은 즙을 내려면 쥐어짤 수밖에 없다. 레몬의 입장에서야 괴롭겠지만 짜지 않으면 즙이 안 나온다. 그러므로 이 은유는 결국 짤 수밖에 없는 상사의 입장을 대변하는 정반대의 메시지를 전달하게 된다. 차라리 "잡아 뜯는다고 풀이 더 빨리 자라지는 않는다"는 은유가 더 어울릴 것이다.

의외로 제일 실패 확률이 높은 은유가 '경주', 더 정확히 말해 '결승점 통과'이다. 다 알다시피 경주에서 제일 중요한 것은 최대한 빨리 결승지점에 닿는 것이다. 그 비유를 '인생'에 적용한다면 그 말은 곧 '별로 가닿고 싶지 않은 죽음이라는 결승지점에 최대한 빨리 도착하라'는 의미가 될 것이다.

3) 조화

은유는 '조화롭다'라는 인상을 주어야 한다. 은유 자체에 모순이나 비약이 없어야 하며, 특히 직접 만든 은유일 경우 이 점은 상당히 중요하다.

예를 들어 공동 프로젝트팀을 꾸리기 위해 해양탐험대의 비유를 들어 "탐험대가 힘을 합쳐서 폭풍우를 뚫고 나아가자."라고 했는데 팀원들이 아직 배에 오르기는커녕 '다른 배를 타고 항해 중'이라면 당신의 은유는 전혀 먹히지 않을 것이다.

언어학자들은 그런 과도한 비약을 '카타크레시스catachresis(비유의 남용이나 말의 오용誤用을 가리키는 수사학적 용어)'라고 부른다. 코믹한 글에서 특히 자주 볼 수 있는 은유로, 그런 만큼 이기는 언어에는 부적절하다.

단어가 가진 함의도 신경을 써야 한다. 조화롭지 못한 함의의 단어를 사용하여 일을 그르칠 수 있다. 완벽한 은유에 단어 하나가 부적절해서 은유 전체가 실패하는 경우가 허다하다.

벌이나 흰개미 같은 사회적 곤충들은 함께 힘을 합하여 놀라운 결과를 만들어 낸다. 그들의 성공 원칙은 '쉼 없는 소통'과 '자기 조직화'이다. 하지만 이 곤충을 인간조직의 모델로 삼으려는 사람은 개미가 가진 이런 함의도 생각해야 한다.

"개미 한 마리 한 마리는 아무 가치가 없다. 중요한 건 개미 왕국이다."

은유의 다의성을 활용하라

은유는 다양하게 해석될 수 있다. 은유를 사용하는 쪽에서는 나름의 이해방식을 전달하지만, 듣는 사람 역시 자기 나름대로 해석해 버릴 수 있다.

예를 들어 상사는 '개미'를 은유로 사용하며 부하직원들의 근면과 협동심을 요구하려 하지만, 듣는 쪽에서는 '죽도록 일만 하는 곤충'과 비교한다는 사실에 모욕감을 느낄 수 있는 것이다. 그런 점을 미리 예상해야 한다. 나의 은유가 상대에게 어떻게 닿을지 항상 자문해야 한다. 하지만 거꾸로 바로 그 점을 노려 은유의 다의성을 의도적으로 이용할 수 있다.

앞에서도 이미 말했듯 결정을 내리는 사람이 주도권을 쥐지만, 그 결정이 잘못된 것으로 밝혀질 경우 권위를 잃어버릴 위험이 크다. 이럴 때 흔히 쓰는 탈출구가 바로 '은유법'이다. 은유는 재해석이 가능하므로 필요에 따라 이렇게 저렇게 적용하기가 쉽다.

물론 그렇다고 해서 은유가 제 마음대로 해석할 수 있다는 뜻은 아니다. 어쨌거나 은유는 직설법보다는 탄력성이 크다. 예를 들어 앞에서 살펴본 '큰 강'의 비유는 서로 정반대되는 입장들이 서로 자신에게 유리하게 해석할 수 있을 정도로 다의적이고 유연하다.

또한 은유는 합리적 논리와는 전혀 다른 식의 설득력을 갖는다. **'은유의 세상'에서 중요한 것은 친숙함과 구체성이며, 자동적으로 제공되는 의미이다.**

이 주제와 관련하여서는 자연에서 나왔지만, 사회적 현상과 관련이 있는 은유들이 매우 중요하다. 자연의 비유는 가장 사랑받고 가장 효과가 큰 은유이다. 구체적이고 생명력이 넘치며, 토속적이고 다른 대안이 없다는 인상을 주기 때문이다.

그중 가장 잘 먹히는 자연의 은유는 '성장'이다. 성장하는 유기체는 건강하다. 성장하지 않는 것은 생명이 아니다. 따라서 이런 결론을 내릴 수 있다. 기업, 시장, 국민 경제는 '성장'해야 한다. 그렇지 않으면 망한다.

은유에 대한 대응전략

은유는 유용하다. 그럼에도 우리는 살면서 만나는 은유를 해체해 보는 작업이 필요하다. 이미 개념으로 굳어버려 은유인지 잘 모를 정도인 표현들도 많다. 그러니 은유를 대할 때에도 분석적인 시선으로 언어의 무대 뒤편을 살피는 자세가 필요할 것이다.

은유 전문가인 조지 레이코프는 대표적인 사례로 '세금 부담 경감'이라는 표현을 거론한다. 그 표현에는 국민이나 기업이 세금을 납부함으로써 '부담'을 지게 된다는 의미가 숨어 있다. 그러므로 '세금 부담 경감'은 국민의 부담을 덜어주는 긍정적인 정책일 것이다. 나아가 세금을 아예 안 낸다면 그보다 더 좋은 일은 없을 것이다. 하지만 세금이 어디에 쓰이는지에 대해서는 아무런 설명이 없다. 국민이 경제활동을 할 수 있으려면 국가가 세금을 받아야 한다는 사실도 언급하지 않는다. 그러니 '세금 부담 경감'이라는 표현을 경솔하게 써대면서 세금을 줄이자고 함부로 말하기 전에 과연 세금이 누구를 위한 것인지 한번 곰곰이 생각해 볼 필요가 있는 것이다.

이렇듯 은유에 대응할 수 있는 첫 번째 전략은 은유가 말하지 않은 전제조건을 거론하는 것이다. 나아가 부적절한 은유는 거부하고 자신에게 불리한 은유를 쓰지 말아야 한다.

두 번째로는 당신의 목표와 이익에 부합하는 새로운 개념이나 새로운 은유를 만들어 낼 수 있다. '세금 부담 경감' 같은 경우 레이코프는 세금을 '공익에 대한 국민의 투자'라고 부르자고 제안한다. 그러면 세금 감면은 '투자 축소'가 될 것이다.

하지만 두 가지 유의해야 할 사항이 있다. 첫째, 많은 은유들이 너무 확고히 자리를 잡고 있어 대처하기가 쉽지 않다는 점이다. 우리 언어의 고정메뉴로 메뉴판에 올라 있기 때문에 새로운 은유로 즉각 대체할 수가 없다. 특히 '투자' 같은 평범한 개념으로는 대체가 힘들다.

둘째, 당신이 선택한 새로운 개념, 새로운 은유가 적대시되거나 낙인이 찍히거나 우스갯거리가 될 수 있다는 점을 명심해야 한다. 은유도 역시 권력의 문제이다. 특정 은유로 이익을 보는 사람은 그 은유를 지키려 안간힘을 쓸 것이다.

그렇다고 해서 자기 나름의 은유를 만들지 말라는 소리는 아니다. 다만 그것이 수용되기까지 시간이 걸릴 수 있고, 저항에 부딪칠 수 있다는 점을 예상하라는 뜻이다. 매사 그렇듯 여기서도 인내와 끈기가 필요한 것이다.

세 번째 전략은 미심쩍은 은유를 내 것으로 만들어 나에게 유리한 쪽으로 재해석한다. 상대가 더 이상 마음 편하게 은유를 사용할 수 없도록 선수를 치는 방법으로 이미 널리 애용되고 있다. 예를 들어 '린lean 경영'을 비판하는 사람들은 '린'이 '날씬하다'는 의미가 아니라 '말랐다'는 뜻으로 해석한다. 그를 통해 건강한 결과보다는 식이장애 같은 부작용을 더 강조한다.

'성장'이라는 개념에 반대하는 사람들은 자연에서는 성장이 한계가 있다는 점을 지적한다. '무한성장'은 딱 하나밖에 없다. 바로 '암'이다. 그러니 무한성장의 비유는 우리의 예상과 달리 생명을 위협하는 암과 같은 존재가 되어 버린다.

'가치'라는 최고의 무기

"부정보다 더 나쁜 것은 칼을 들지 않은 정의다.

권력 없는 법은 악이다."

– 오스카 와일드, 『예술가로서의 비평가』

이기는 언어에서 '가치'는 아주 중요한 의미를 갖는다. 오스카 와일드의 문구를 굳이 인용하지 않더라도 정의와 같은 가치를 펼치기 위해서는 권력이 필요한 것이다. 거꾸로 권력 역시 자신의 이해관계나 의지를 관철시키기 위해서는 가치가 필요하다. '가치'란 의지를 강하게 만들어 추진하는 것이기 때문이다. 가치는 의지를 밀어주는 강력 엔진이다. 그런 만큼 권력은 가치를 포기할 수 없다.

가치문제를 어떻게 다뤄야 할까

일반적으로 말해 '가치'란 우리가 바람직하고 의미 있다고 생각하는 관념이다. '가치'는 올바른 일을 하도록 도와주며 우리와 주변 사람들의 행동에 대해 고민하고 평가하고 판단하도록 도와준다.

이는 너무 간단해 보이지만 그렇지 않다. 가치는 우리가 생각하는 것만큼 명확하지 않기 때문이다. 가치는 추상적이어서 해석과 실천의 과정을 거쳐야 한다. 그리고 그 방법은 정말로 다양하다. 물론 가치문제에서도 어느 정도의 합의는 있지만, 이는 보통 특정 가치를 위반했을 경우이다. 또 각 문화권에 따라 합의된 도덕적 가치란 것이 있지만, 그 가치가 특정 상황에서 어떻게 행동해야 할지 명확한 행동 지침을 줄 수 있는 것도 아니다.

게다가 한 사람이 여러 가치를 추구할 수 있다. 정의, 공중도덕, 정직, 자유, 자결, 기회균등, 복지, 평화, 의견의 자유, 환경보호 등등. 이는 당신도 기꺼이 따르고 싶은 가치들일 것이다. 문제는 이런 각각의 가치가 전혀 다른 행동을 유발하여 서로 상충할 수 있다는 데 있다.

가치는 구속력이 있어야 한다. '가치 상대주의'는 선택이 아니라 비판의 대상이다. 정의가 통하지 않는다면? 자유가 저지된다면? 기회균등이 사라진다면? 그저 약간의 평화와 약간의 정직만을 원한다는 사람이 있다면 누가 그를 진지하게 대하겠는가?

그러니 어떻게 해야 할까? 현실에서 우리는 '가치문제'를 두 가지 전혀 다른 방식으로 해결하고 있다. 첫 번째, 상황마다 최고의 선택이 무엇인지 고민한다. '여기서는 기회균등을 위해 자유를 약간 제한하는 편이 좋지 않을까?', '공익에 해가 되더라도 자결권을 전폭적으로 인정해야만 하는 걸까?' 정답은 없다. 그때그때 고민하여 결정을 내려야 한다.

두 번째 방법은 상황에 따라 박쥐처럼 오가는 것이다. 이번에는 정의 편에, 다음번에는 기회균등의 편에, 또 다음번에는 공익의 편에 붙는다. 다른 가치는 완전히 무시한다. 토론 대상으로 삼지도 않는다. 상황에 따라 주제는 '정의'이거나 '기회균등'이거나 '공익'이다. 이 방법을 사용하자면 강해야 한다. 첫 번째 경우와 달리 막강한 힘이 있어야 한다. 첫 번째 방법에서 당신은 판사였지만 여기서는 전사가 되어야 한다.

당연히 우리는 두 번째 방법에 집중할 것이다. 우리의 주제는 이기는 언어이기 때문이다.

자신의 가치를 높이는 가치

가치를 들먹이면 두 가지 장점이 있다. 해당 사안이 자신에게 매우 중요하다는 신호를 보낼 수 있고, 자신의 가치를 높일 수 있다. 자신의 목표가 아주 존경할 만한 것이라는 암시를 보낼 수 있다. 한 마디로 이런 메시지를 보내는 것이다.

"나는 멋진 인간이야. 내 편에 붙으면 너도 멋진 인간이 돼."

이것을 언어로 표현하는 방법은 어떤 것이 있을까? 먼저 그 가치를 있는 그대로 말하는 방법이 있겠다.

"기회균등의 차원에서 미세스 미클로시를 세미나에 보내주셔야 합니다."

이런 식의 말을 들으면 모두들 내가 그 사안에 대해 진지하게 생각한다는 사실을 눈치챌 것이다. 내가 미세스 미클로시를 세미나에 보내야 한다고 생각하는지 아닌지는 중요하지 않다. 이제 나의 의견에 반박하는 사람은 '기회균등의 가치를 무시하는 인간'이 된다. 동시에 나는 기회균등을 위해 싸우는 전사로 등극한다.

좌파 진영은 전통적으로 '국제 연대'의 구호를 즐겨 사용한다. 대학 등록금 인상에 반대할 때도, 정당을 창당할 때도 항상 착취에 맞선 전 세계적인 투쟁을 강조한다. 그 말은 곧 '우리는 옳은 편이다'라는 뜻이다.

굳이 가치를 직접 거론하지 않더라도 가치와 관련된 단어를 던지며 넌지시 신호를 보내는 방법도 있다. 미국 대통령 조지 부시가 학교의 질을 개선하기 위해 실시한 교육개혁안의 이름은 '낙오 아동 방지법'이었다. 학업 성취 평가를 실시하여 성적을 매기고, 이를 비교하여 학부모들이 원하는 학교를 선택할 수 있게끔 하자는 취지였다. 이 법안을 원래의 목적대로 '학업 성취 평가법'이라고 이름 지었다면 아마 전혀 다른 평을 받았을 것이다. 이 법안이 큰 호응을 얻은 데에는 '낙오 아동'을 없애겠다는 주장을 통해 정의나 기회균등 같은 바람직한 가치를 연상시킨 것이 큰 몫을 했기 때문이다.

가치와 내 입장의 결합이 긴밀할수록 나의 입지도 높아지고 강해진다. 상대가 나를 비판한다면 좋은 가치에 공감하지 않는다는 뜻이 될 테니 말이다. 결국 상대는 공평성을 비판한 사람이 된다. 착취가 난무해도, 아이들이 낙오되어도 상관이 없는 사람이 되는 것이다.

그러니 이제 상대에겐 기회가 없다. 내 편에 붙지 않으면 나는 상대를 '가치 공동체'에서 추방할 것이다. 다른 가치를 들먹여 봐도 소용없다. 공평성 대신 자유를 주장해 봐도 별 도움이 안 된다. 나는 여전히 상대를 '공평성을 모르는 인간'이라고 비난할 수 있다.

전략적으로 가치는 또 다른 장점이 있다. 가치를 들먹이는 사람은 '선의 편'이 된다. 도덕적인, 책임감 있는 인간이 되는 것이다. 가치를 통해 다른 사람의 눈에 괜찮은 사람이 될뿐더러 자신에 대한 만족도도 올라간다. 다른 사람들이 자기 이익만 챙기느라 여념이 없을 동안 우리는 더 많은 것을 바라보며 세상을 올바른 방향으로 이끌려 노력하는 사람이 되는 것이다.

이는 다시금 다른 문제에서도 발언권을 높이는 결과를 초래한다. '선의 편'이므로 어떤 문제든 사심이 없을 것이라는 이미지를 쌓았기 때문이다. 이런 식의 이미지 관리는 앞에서 살펴본 대로 주도권을 쟁취하는 데에 아주 유익하다. 물론 자칭 도덕군자치고 진짜 도덕적인 인간이 몇이나 될지 의심스럽기는 하지만 말이다.

시카고 노스웨스턴 대학의 한 심리학자가 피실험자들에게 자신에 대해 글을 써보라고 시켰다. 그리고 이어 자신이 선택한 사회 기관에 기부를 해달라고 부탁했다. 그런데 그를 '도덕적이고 선하다'라고 쓴 사람들이 부정적으로 평가한 사람들에 비해 기부금을 1/5이나 적게 냈다.

가치를 실천하라

앞에서도 말했듯 가치 그 자체는 아직 큰 힘을 발휘하지 못한다. 실천의 과정을 거쳐야 비로소 진짜 가치가 된다. 다시 말해 어떤 행동이 가치에 부합하는지 아닌지가 상황마다 결정되는 것이다.

"환경보호를 하면서 종이컵을 쓴다고?"

환경보호 광고를 제작하는 회사 직원들이 커피를 엄청나게 마셔댔다. 문제는 이들이 종이컵으로 커피를 마시는 통에 쓰레기가 장난이 아니라는 것이다. 기획부 부장 악셀 오쉬너가 팀 미팅 때 이 문제를 걸고넘어진다.

"환경보호를 그렇게 생각한다는 사람들이 매일 이렇게 산더미 같은 쓰레기를 만들어 내요? 그것도 컵을 씻기 싫다는 이유만으로?"

비판을 할 때는 가치가 훼손되었다는 사실을 강조해야 한다. 그리고 다시 한번 그 가치(환경보호)를 환기시켜야 한다. 그렇지 않으면 '종이컵을 쓰지 마라'는 말은 비용이나 인건비를 아끼자는 쪼잔한 상사의 잔소리 정도로 해석되고 만다. 또 해당 가치가 비판을 당하는 사람들에게 중요한 가치여야 한다. 그렇지 않으면 가슴에 전혀 울림이 없을 것이고, '어디서 개가 짖나보다' 하는 표정으로 무시해 버릴 테니 말이다.

특히 해당 집단이 반드시 지켜야 하는 가치일 경우는 비판에 엄청난 무게가 실리게 된다.

"환경을 지키겠다고 하면서 자기가 버린 쓰레기에 깔려 죽을 참이라니!"

아주 사소한 문제도 갑자기 중요해질 수 있다. '종이컵' 하나가 환경보호라는 가치 전체를 훼손하여 '생각 없는 인간의 상징'이 될 수 있는 것이다. 중요한 것은 종이컵이 아니라 특정 태도이기 때문이다.

"사무실 문을 닫지 마세요"

"미세스 미크로시는 왜 항상 문을 닫고 있는지 궁금하네요. 뭐 숨기는 거 있어요?"

'투명성'을 중시하는 상사 캄바흐 씨가 따진다.

"투명성은 신뢰의 시작이다." 평소 그는 늘 이 말을 입에 달고 다니다. 이번에도 그는 미세스 미크로시에게 일장 연설을 늘어놓았다.
"우리 기업은 상호 신뢰와 투명성을 중시합니다. 이 기업 이념이 마음에 안 들어요?"

이런 식의 말은 가치를 위반한 사람에게만 해당되는 것이 아니다. 주변 다른 직원들도 들으라고 하는 소리다.

"사무실 문을 열어두지 않는 사람은 투명성의 가치를 무시하는 것이다."

이런 메시지를 전달하고 싶은 것이다. 가치문제에서 사소한 것은 없다. 적어도 다른 사람의 행동에 관해서는 아무리 사소한 일도 가치의 상징이 될 수 있다.

가치문제에 따른 다양한 기준

가치문제에서는 늘 황당한 현상을 목도하게 된다. 다양한 기준이 적용되기 때문이다. 사실 그래선 안 된다. 가치는 보편타당해야 하고 모두에게 똑같이 적용되어야 한다. 하지만 실생활에서는 그렇지 않다. 규칙이 엄격히 적용되는 곳이 있는가 하면 웬만하면 눈감아주는 곳도 많다. 아예 가치에 대해 무관심으로 일관하는 곳도 있다.

그렇다면 이런 이중 도덕은 어떻게 가능할까? 대답은 간단하다. 가치는 항상 실천의 과정을 거치고, 이를 통해 다른 결과가 나오게 되는 것이다.

'가치의 실천'이란 일단 어떤 사람이 다른 사람을 손가락으로 가리키며 "그래서는 안 돼!"라고 말한다는 의미이다. 앞에서 살펴본 '투명성'의 예를 든다면, 그 기업의 직원들이 사무실 문을 닫아두면 절대 안 되는 것은 아니지만, '투명성'이라는 가치를 지적함으로써 그들이 문을 열어두기를 기대할 수 있다.

하지만 이것이 전부는 아니다. 어느 날 보니 당신의 상사는 자기 방문을 꼭 닫아두고 있다. 자신에게는 부하직원들이 방문을 열어두는 것이 투명성이지만, 그것이 반드시 '나도 내 방문을 열어두어 아무나 들여다볼 수 있게 한다'는 의미는 아닌 것이다.

이런 불합리는 나쁜 의도 때문이 아니다. 그런 불일치가 생겨나는 것은 '가치의 본성' 탓이다. 공익과 같은 가치는 항상 한계가 있기 마련이다. 심지어 많은 진화생물학자들은 이타심과 긴밀한 협조는 서로 상반되는 가치이기 때문에 탄생할 수 있었다고 말하기도 한다. 하지만 굳이 그런 원론적인 이야기까지 들먹이지 않더라도 가치는 본성상 그 특정 기준이 매우 다양하다.

가치를 실천할 수 있는 사람은 누구인가?

다들 예상했겠지만 가치를 실천에 옮길 때는 모두에게 발언권이 돌아가지 않는다. 가치에 맞고 안 맞고를 결정할 수 있으려면 해당 집단 내에서 높은 자리에 있어야 한다. 종속적인 위치에서 윗사람에게 행동 노선을 지시할 수는 없는 법이다. 아랫사람이 할 수 있는 유일한 실천은 '비공식적인' 아래로부터의 실천, 즉 뒤에서 몰래 숨어 윗사람의 가치 위반 행위를 뒷담화하는 것뿐이다.

해당 집단의 내부인이어야 어떤 행동이 가치에 맞는지 그 여부를 판단할 수 있는 건 아니다. 그 집단이 아닌 사람들도 특정 가치를 어떻게 실천해야 하는지 고민하고 조언할 수 있다. "'원래' 그 기업은 사회적 책임을 중요시했으므로 이번 프로젝트를 지지해야 마땅하다. 그런데 거절을 했다.' "'원래' 좌파 정당들은 복지예산 삭감에 동의하면 안 된다. 그런데도 예산 삭감에 선뜻 동의했다.'

이런 식으로 집단의 바깥에서 해당 집단이 항상 외치던 가치의 준수 여부를 감시하는 것이다.

가치는 타인을 부당한 사람으로 만든다

가치는 나를 높이는 기능도 하지만 다른 사람들을 낮추는 역할도 한다. 둘은 서로 긴밀하게 연결되어 있다. 가치를 지적하여 내 사람들에게 행동의 노선을 가르치는 것도 중요하지만 '우리가 그들보다 낫다'는 확신을 퍼트리는 것도 그 못지않게 중요하다. 그래야 가치를 지키는 보람이 있을 테니 말이다.

다른 사람들은 추앙하는 가치가 없거나 혹은 가치에 대한 올바른 이해가 부족해 '그릇된 가치'를 추앙한다. 그러니 그들은 우리의 가치를 존중해야 하고 우리를 따라야 한다. 만약 우리의 가치를 짓밟는 자들이 있다면 그들은 '악'으로 낙인찍어 마땅하다. 이러한 '악의 세력'과는 소통이 불가능하다. 그들은 모든 문제의 근원이며 모든 폐해의 원인이다. 그들이 없다면 삶은 훨씬 수월해질 것이다.

그렇지만 이렇게 대놓고 적대시할 수 없는 경우가 있다. 협력이 필요한 상대, 적이 되어서는 안 되는 상대에게는 무조건 나의 가치만 따르라고 우길 수는 없다. 이럴 땐 조금 더 부드러운 방법을 사용해야 한다. 상대와 똑같은 가치를 쓰면서 자신의 것이 '새롭다', '더 낫다'고 정의하는 것이다. 이는 특히 정치권에서 많이 사용하는 방법이다.

사회민주당은 전통적으로 '사회정의'를 주요 가치로 표방하였다. 하지만 2005년 연방 선거에서 기민당은 이런 슬로건으로 맞불을 놓았다.

"일자리 창출이 사회적이다."

가치의 영원한 회귀

또 하나 빼놓을 수 없는 측면이 있다. 가치가 새로운 시작을 합법화해 줄 가장 설득력 있는 무기라는 사실이다. 뭔가 일이 꼬인다는 인상이 굳어질 때마다, 심각한 문제가 발생할 때마다 과거의 가치로 돌아가야 한다는 말로 문제를 해결한다. 현재와 같은 폐해가 발생한 이유는 전통적 가치를 소홀히 했기 때문이며 그릇된 가치를 섬겼기 때문이라고 주장한다.

2010년 독일 연방정부는 긴축재정안을 가결했다. 그에 대해 부수상 기도 베스터벨레는 이렇게 말했다.

"지난 몇 년간 우리는 너무 흥청망청 살았습니다."

이런 방법이 얼마나 널리 애용되고 있는지 '가치의 영원한 회귀'라고 불러도 좋을 정도이다. 경제 위기, 증시 붕괴, 기후변화. 모든 대답은 단 하나, 그저 '우리의 가치가 엉망이 되어버렸다'는 것이다. 이제 '진정한 가치'를 실천해야 한다. 공익을 생각하고, 정의를 실천하며, 남을 배려하고 자연과 후세대를 생각해야 한다. 이런 가치를 잊고 살았기에 지금 우리는 현재와 같은 난국에 빠져있다.

이 원인 설명이 정확한지에 대해서는 논의하지 않겠다. 우리의 주제를 벗어나기 때문이다.

우리에게 중요한 것은 그런 상황에서 그런 논리가 계속 사용된다는 사실이다. 성공률도 상당하다. 우리는 알게 모르게 '올바른 가치'가 '올바른 행동'을 낳는다고 믿고 있다.

더구나 이런 식의 설명은 '부족한 가치'를 지적함으로써 해결책을 약속한다. 그 가치로 돌아가기만 하면 문제가 다 해결될 테니 말이다. 그러니 새롭게 시작하라고, 적극적으로 나서라고 용기를 준다.

Keep it in mind!

이 장에서 설명한 내용 중에서 꼭 명심해야 할
10가지 요점을 뽑아보았다.

- 사람의 마음을 얻기 위해서는 청자의 귀로 자신의 말을 들어야 한다.
- 결속력을 고취해야 한다. '우리 메시지'가 상대와 나를 하나로 묶어준다.
- 권력의 자리는 거리감을 조성한다. '우리 메시지'는 이런 거리를 좁혀 준다.
- 자신의 관심사를 한마디로 정리하는 핵심 메시지는 이해를 돕고 설득력을 높인다.
- 인상적인 핵심 메시지는 합리적인 논리로도 반박할 수 없다. 거기에 독자적인 메시지나 독창적인 패러디가 추가되면 효과는 더 커진다.
- 어떤 개념을 사용하느냐에 따라 같은 상황도 전혀 다르게 비칠 수 있다.
- 어떤 개념이 긍정적인 평가 혹은 부정적인 평가를 받느냐는 그것의 숨은 함의에 달려 있다. 또 누가 그 개념을 자기 것으로 만들었느냐도 중요하다.
- 은유는 추상적인 상황을 구체적으로 만든다. 세상을 이해하려면 은유가 필요하다.
- 은유는 일부의 측면만 포착한다.
- 가치에 역점을 두면 요구사항에 힘이 실린다. 가치는 행동 지침이 아니다. 그때그때 상황에 따라 실천에 옮겨야 한다.

3장

카리스마로 장악하라

마지막 장에서는 권력의 언어를 떠받치는 '세 번째 기둥', 카리스마에 대해 알아보기로 한다. 앞의 두 장과 달리 카리스마는 상대를 무찌르거나 사로잡을 필요가 없다. 따라서 이 장에는 대응전략이 없다.

카리스마는 권력을 행사하는 사람이 갖추어야 할 덕목이다. 높은 자리에 있는 사람에게 카리스마가 없으면 팀 전체가 질서정연하지 못하다는 인상을 풍긴다. 부하직원들도 불안한 마음을 감출 수가 없다. 카리스마는 당연히 권력을 다루는 이 책에서 빼놓을 수 없는 부분이라 하겠다.
그렇다면 카리스마란 무엇인가? 지금부터는 카리스마의 네 가지 구성 요인을 살펴본다.

카리스마의 절대적인 네 가지

첫 번째, 자기 확신

홍분과 카리스마. 왠지 어울리지 않는 한 쌍이다. 카리스마는 '침착'과 더 어울리는 말이다. 그러니 쉽게 흥분하고 화를 잘 내는 사람은 카리스마를 풍길 수 없다. 카리스마가 있는 사람은 어떤 위기 상황에 처해도 냉철한 이성을 유지한다.

"잡아먹으라고 해라"

"카탈로그가 아직 안 나왔나? 고객이 당장 달라고 재촉을 하는데."
광고회사 부장 티모 로이프가 화를 내며 야단을 친다.

> “잠깐만요. 어느 정도 진행이 되었지요?” 기획부 직원 악셀 오쉬너가 묻는다.
> “세 페이지가 빠졌네. 사진도 아직 안 왔고.” 부장이 말한다.
> 오쉬너가 즉각 상황을 정리한다.
> “글은 완성이 되었고요. 사진은 일단 급하니까 이 이미지 사진으로 대체하면 될 것 같습니다.”
> “고객이 원하는 건 완성된 카탈로그야. 안 주면 우리를 잡아먹으려고 할걸.” 부장이 짜증을 낸다. 하지만 오쉬너는 별거 아니라는 듯이 말한다.
> “잡아먹으라고 하죠. 뭐, 달리 방도가 없습니다. 제가 한번 그 고객과 이야기해 보겠습니다.”

기획부 직원이 당당해 보이는 것은 ‘자기 확신과 여유’ 때문이다. 중요한 것은 상황을 제 손으로 장악하겠다는 각오와 준비이다. 위의 기획부 직원은 위태로운 상황을 “제가 이야기해 보겠습니다.”라는 자신 있는 말로 종결짓는다.

그의 여유와 침착은 수동적이지 않다. 결단력을 뿜어낸다. 따라서 허둥지둥 상황에 몰린 성급한 결정을 피할 수 있다. 그런 태도는 주변 사람들에게도 확신을 주어 마음을 안정시키는 역할을 한다.

카리스마를 가지려면 상황의 심각함을 잘 알고 있고, 그걸 회피하지 않겠다는 의지를 분명하게 보여주어야 한다. 서둘러 상황을 무마시키려는 태도는 정반대의 효과를 낳는다.

앞에서도 언급했지만 우리는 큰 노력을 기울인 것 같지 않은 대단한 성과에 감동한다. 따라서 수월하게 일을 처리하는 자신의 능력을 자랑하는 것도 카리스마의 한 전략이다.

예를 들어 복잡한 문제를 별일 아니라는 듯 자유분방하게 프레젠테이션을 한다. 자고로 연설을 잘하는 사람들은 철저하게 준비하여 달달 외운 문장도 일부러 약간 두서없이 발표한다. 그래서 미리 준비한 것이 아니라 방금 생각 난 말을 한 듯한 인상을 풍긴다. 물론 철저히 준비하지 않은 문장을 두서없이 읊어대는 건 절대 해서는 안 되는 일이다. 카리스마는 탁월한 능력을 전제로 하기 때문이다.

이탈리아 르네상스 시대엔 뛰어난 기술을 쉽게 구사하는 듯 보이는 '스프레차투라'가 예술의 이상이었다. 예술가는 모든 것을 아무리 어려워도 무척 쉬운 것처럼 세련되게 해내야 했다. 작품 뒤에 숨은 고단한 노동과 노력은 절대 드러내면 안 되었다. 그래서 그림을 주문한 사람도 그림이 완성되기 전에는 절대로 볼 수가 없었다.

두 번째, 독립성

카리스마가 있는 사람은 바람의 방향에 따라 깃발을 이리저리 옮기지 않는다. 남의 말에 흔들리지 않고 자기 판단에 따라 일을 처리한다. 이는 고집불통에 옹고집이라는 말이 아니다. 이들은 주변 사람들의 의견이 자신과 다르다는 것을 잘 알고 있지만, 세상에는 다양한 시각과 견해가 존재한다는 것도 알고 있다. 그럼에도 자신의 판단을 함부로 굽히지 않으며, 설사 심한 압력이 있어도 자기 판단을 믿는다. 미움을 받더라도 감수한다.

> **"욕은 먹되 책임은 집니다"**
>
> 독일 전 재무장관 페르 슈타인브뤼크가 스위스의 탈세에 대해 신랄한 비판을 한 적이 있다. 한 인터뷰에서 그는 이렇게 말했다. "저에 대해 무슨 욕을 해도 좋습니다. 다만 이 말은 반드시 덧붙이셔야 합니다. '적어도 그는 자기가 한 말에는 책임을 질 줄 아는 사람이다.'"

미움을 받을지 모른다는 두려움을 모르면 정말 미움을 받을 수도 있다. '거만하다'는 인상을 풍길 수도 있다. 그래도 카리스마가 있는 사람은 수미일관 자신의 견해를 굽히지 않는다.

세 번째, 현실적인 자화상

카리스마가 있는 사람은 자신의 장점과 약점을 명확하게 파악하고 그것을 굳이 숨기려고 애쓰지 않는다. 잘난 것을 동네방네 자랑하고 다닌다는 의미가 아니다. 자신의 장점을 스스로 파악하여 살린다는 의미이다. 또 자신의 부족한 점을 솔직하게 인정하고 고치려 노력한다는 의미이기도 하다.

“인정할 건 인정합니다”

대기업의 사장이 한 인터뷰에서 업계의 위기가 언제쯤 끝날 것인지 진단해달라는 질문을 받았다. 그가 말했다.

“과거의 경험으로 미루어 볼 때 저는 예언에 약하더라고요.”

직장 생활을 하다 보면 이렇게 솔직해서 손해를 볼 때도 있다. ‘사람들이 정말로 무능력하다고 생각하면 어쩌지’라며 걱정이 되는 것도 사실이다. 그럼에도 “그 분야는 제가 잘 모릅니다.”, “그 문제라면 정보가 더 필요하군요.” 같은 솔직한 대답에선 카리스마가 느껴진다. 없는 능력을 있는 척 자랑하거나 무조건 다 할 수 있다고 허풍을 떠는 사람은 신뢰도, 카리스마도 얻지 못할 테니 말이다.

이렇게 자신의 약점을 숨김없이 인정하는 사람이 호감을 주는 것은 사실이지만, 이 역시 남용은 금물이다. 자기 능력에 대한 의심의 씨를 뿌리기 때문이 아니다. 오히려 다른 형태의 자만심으로 오해받을 위험이 크기 때문이다.

“못한다고 하더니 잘만 하더라! 하여간 엄살은.”

이런 오해를 받을 수가 있다.

카리스마가 있는 사람은 자신의 장점을 애써 숨기지 않는다. 하지만 상대가 그 점에 의문을 제기했을 때 절대 가만히 있지 않는다. 상대가 치명적인 비판을 날려도 카리스마 있는 사람은 자학에 시달리지 않는다. 오히려 이렇게 자문한다.

'저 비판의 숨은 의도는 무엇일까? 이성적으로 판단한 주장일까?'

이런 자문을 마친 후 자신의 입장을 정리한다.

"저는 일을 엄청 빨리 하는 사람입니다"

변호사 프랑카 도른바흐는 복잡한 사건에 대해 소견서 작성 임무를 맡았다. 2주 후 사건을 맡긴 고객이 찾아와 얼마나 더 있어야 되냐고 화를 냈다. 프랑카는 침착하게 대답했다.

"제가 일을 너무 천천히 한다고 생각하시는 것 같은데 이 말씀을 꼭 드려야겠군요. 저는 일을 엄청 빨리하는 사람입니다. 보통 그런 소견서는 5~6주가 걸리는데요. 저는 4주면 끝낼 수 있습니다."

네 번째, 타인에 대한 관심과 예의

독립적이고 자신감이 넘치며 판단이 정확한 사람이 있다. 그런데 너무 자기중심적이다. 이 사람은 카리스마의 결정적 요인을 갖추지 못했다. 타인에 대한 관심이 없는 사람, 자기밖에 모르는 사람은 카리스마를 뿜을 수 없다.

카리스마가 있는 사람은 주변 사람들에게 관심을 보인다.

"어떻게 생각하세요? 우리의 정보가 맞다고 생각하세요?"

카리스마를 가진 사람들은 항상 타인의 의견을 묻는다. 그리고 그들의 이야기, 그들의 특징, 그들의 관심, 그들의 의견을 기억한다. 당신이 평소 관심 있게 생각하는 주제에 관해 좋은 책이 나왔다는 것을 알려주는 사람을 당신은 어떻게 생각하겠는가? 당신이 어떤 음식에 알레르기가 있는지, 어떤 동물을 좋아하는지 알고 있다면? 이런 사소한 관심에 감동하는 것이 사람의 마음이다. 우리는 그런 관심을 나에 대한 존경과 배려로 해석한다.

독일 정계에서 헤센 주 총리를 지낸 롤란트 코흐만큼 뛰어난 권력 전략가는 찾아보기가 힘들다. 그런데 그는 부하직원들에게 공손한 것으로도 유명하다. 야당 정치인들조차 인정한 사실이다. 그에게 그리 호의적이지 않은 일간지가 보도한 사실이니 믿어도 될 것이다. 코흐는 실습생들에게도 일일이 악수하며 인사를 건넨다고 한다.

하지만 두 가지를 유의해야 한다. 첫째, '이 모든 게 다 쇼다. 이미지 관리다'라는 의심이 들면 효과는 급락한다. 둘째, 카리스마는 모든 일에 관여하고 모든 것을 이해한다는 의미가 아니다. 어디서나 그렇듯 여기서도 '중도'가 필요하다. 적절해야 한다. 다른 사람의 삶에 사사건건 개입하는 것은 배려의 표현이 아니다. 때로는 어느 정도의 거리를 유지해야 할 때도 있는 법이다.

관심 못지않게 예의도 카리스마의 중요한 요건이다. '예의'란 상대를 곤란한 상황에 몰아넣지 않는 것이다. 혹은 곤란한 상황에 빠진 상대를 도와주는 것이다.

"아, 말씀하지 않으셔도 됩니다"

회의 시간 미스터 마이너르트가 경쟁사에 대해 아는 척을 한다. 평소 그쪽에 관심이 많았던 미스 레온하르트가 그의 말을 경청하면서 이것저것 캐묻는다. 하지만 막상 질문을 받자 그는 헤매기 시작한다. 경쟁사에 대해 정보가 많은 게 아니라 잘난 척이 하고 싶었던 것이다. 상황을 간파한 미스 레온하르트가 얼른 구원투수로 나선다.

"아, 말씀 안 하셔도 돼요. 그런 기밀을 이런 자리에서 함부로 발설할 수는 없으시겠지요."

상대가 불쾌한 것 같으면 얼른 대화의 주제를 바꾼다. 상대가 말도 안 되는 헛소리를 하거든 못 들은 척해 준다. 물론 당신이 전혀 모르고 있는 건 아니라는 언질을 슬쩍 섞는다. 혹시 상대가 속았다는 느낌에 불쾌해할 수도 있으니 말이다.

리더가 부하직원들에게 관심이 없으면 부하직원들은 안심하고 일을 할 수 없다. 인정머리 없는 사람에게 끌려다닌다는 생각보다 마음이 불안한 때가 어디 있겠는가.

확실한 표현으로 현장을 장악하라

예의가 아무리 넘쳐도 카리스마엔 역시 '언어'가 중요하다. 카리스마가 있는 사람은 명확한 표현, 간결한 언어를 선택한다. 보호막을 치는 모호한 표현, 중언부언은 카리스마와 하나가 될 수 없다. 무엇이 문제인지 듣는 사람이 알아야 한다. 이를 뒷받침하는 적절한 수단이 바로 **확실한 문장, 간단명료한 문장**이다.

"그들의 책임입니다"

독일 대통령 리하르트 폰 바이체커가 1985년 5월 8일에 독일 연방 회의장에서 연설을 했다. 주제는 종전 40주년 기념이었다.

"해방의 날이었습니다." 그렇게 서두를 던진 바이체커는 '확실한 문장'을 연이어 늘어놓기 시작했다.

"당시 벌어진 일에 젊은이들은 책임이 없습니다. 하지만 역사가 그로부터 무엇을 배우느냐는 그들의 책임이기도 합니다."

이런 '확실한 문장'의 특징은 직설적인 표현과 명확한 구조이다. 어떤 상황에도 주눅 들지 않고 자신감과 확신을 뿜어낸다. 또 정확성을 추구하고 명확함을 목표로 한다. 상대의 잘못된 생각을 수정하고 상대의 입장과 내 입장을 구분 짓는다. **'확실한 문장'은 변명을 하지 않는다.** 아예 이유를 대지 않는 경우도 많다. 이유를 댈 때도 '왜냐하면'으로 시작하는 문장은 사용하지 않는다. 별개의 문장으로 두 문장의 독자성을 유지하면 훨씬 더 말에 무게가 실린다.

당신이 정말 열심히 준비해서 결과를 프레젠테이션 했는데 이런 말을 들었다고 해 보자.

"시간 아주 많이 걸렸겠는데요." 이에 대한 당신의 두 가지 대답을 비교해 보자.

(a) 그렇지 않습니다. 이런 프로젝트는 보통 최소 사흘이면 준비가 되거든요.

(b) 그렇지 않습니다. 이런 프로젝트는 보통 최소 사흘이면 준비가 다 됩니다.

앞의 대답은 확실히 힘이 없다. "거든요."라는 뒷말은 변명처럼 들리고, 이에 동료들은 "누가 그래?"라는 식의 미심쩍은 반응을 보일 수 있다. 하지만 후자의 대답은 강한 반대의견으로 들린다. 동료들은 사실이 아니라는 확실한 증거가 있을 때만 반박할 수 있다. 확신이 없으면 그냥 넘어가는 수밖에 없다.

반대 진술을 익혀라

이번에 소개할 대응방법은 아주 효과가 좋아서 이름까지 붙여놓았다. 이름하여 '반대 진술'이다. 반대 진술은 세 부분, 즉 세 개의 '확실한 문장'으로 구성된다.

해당 사항(가정)을 (1) 반복한다. (2) 거부한다. (3) 교정한다.

(1) '시간이 많이 걸렸다'는 걸 보니 제가 게으름을 피웠다고 생각하시는군요.

(2) 그렇지 않습니다.

(3) 그런 업무는 보통 최소 사흘이면 준비가 다 됩니다.

(1) 반복

어떤 점이 문제인지 명확하다면 굳이 상황을 다시 한번 반복할 필요는 없다. 하지만 반복하면 상대의 가정을 더 당당하게 퇴짜 놓을 수 있다.

예를 들어 상대가 여러 가지로 해석될 수 있는 애매한 표현을 쓰거나 비꼬는 식의 말을 했다면("정말 훌륭하군요.") 혹은 선뜻 말을 하지 않고 주저한다면("쉬운 업무는 아니라는 걸 알고는 있지만….") 반복을 통해 상대의 비판을 요약, 정리할 수 있다. 요점 정리를 하는 것이다.

"그러니까 제 업무 결과가 형편없다는 말씀이시군요."
"제가 이번 프로젝트에 전혀 관심이 없다고 생각하시는 거군요."
"제가 일부러 협상을 질질 끈다는 말씀이시네요."

이와 같은 말 한마디면 사태는 명확해진다. 이후 대화의 방향은 당신이 결정한다. 상대가 이미 이 지점에서 항복하고 꼬리를 내릴 가능성도 있다.

"아니, 비판을 하려는 게 아니고요…."

(2a) 거부

두 번째의 '확실한 문장'은 '거부'이다. 두 가지 형태가 있다.

"그렇지 않습니다. 잘못 생각하셨습니다."
"그 주장은 틀렸습니다."

혹은 상대의 말은 지극히 개인적이고 주관적인 견해에 불과하다는 점을 강조한다.

"그건 그쪽 생각이고요."

"그건 그쪽이 만든 숫자이고요."

"그쪽 눈으로 보면 그렇겠군요."

이 경우도 상대가 이쯤에서 항복을 선언하는 바람에 더 이상의 노력 없이 목표에 도달할 수도 있다. 의도적으로 마지막 교정 단계를 포기하여 상대의 비판이 이미 효력을 잃었다는 사실을 과시하는 사람들도 많다. 그렇지만 여기서 멈추면 카리스마가 약해진다. 상대를 깔아뭉개고 당신이 주도권만 과시하기 때문에 거만해 보이기가 쉽다.

"그건 그쪽 의견이고요"

회의 시간, 미스터 티메가 회사 로고가 박힌 편지지를 바꾸자는 제안을 한다. 미세스 림멜이 그의 제안을 비판한다. 미스터 티메가 대응한다.

"그러니까 한 마디로 제가 제안한 편지지가 마음에 안 든다는 말이군요. 그건 그쪽 의견이고요." 동료들이 히죽거린다.

(2b) 동의하는 척한다

상대의 말에 동의하는 척하면 효과가 더 크다.

"저도 그렇게 생각했습니다."

"그렇겠군요."

혹은 일부만 동의를 표한다.

"이성적으로 생각하면 그게 맞지요."

"얼른 보면 그렇습니다."

"그럴 수도 있겠지요. 하지만…"

헬무트 콜이 연방 수상직에서 물러나고 4년이 채 안 되었을 때 한 토크쇼에 출연한 적이 있다. 거기서 그는 매우 드라마틱한 상황(모가디슈에서 인질구출 작전에 성공한 후)에서 이성을 잃고 울었던 적이 있었다고 고백했다. 왜 이제야 그런 이야기를 하느냐는 질문에 그는 이렇게 말했다.

"정부 수장의 자리에 있는 사람은 공개석상에서 최대한 눈물을 보이지 말아야 한다고 생각합니다." 사회자가 반박했다. "감정을 드러내기도 하는 국가 수장이 저한테는 더 친숙하게 느껴지는데요." 콜은 한순간도 머뭇거리지 않고 곧장 이런 대답을 날렸다.

"그럴 수도 있겠지요. 하지만 사회자님에게 친숙하게 다가가는 것이 국가 수장의 주 임무는 아니지요."

(3) 교정

마지막 단계는 교정이다. 전체 과정에 무게를 싣는 단계이기 때문에 이 문장은 특히 확신에 차 있고 강해야 한다. 짜임새 있는 문장이어야 하며, 동의하는 척했다가 "그렇지만"으로 반박하는 문장도 좋다. 이유나 변명의 표현이 들어가서는 안 된다. 앞에서도 설명했듯 교정의 단계는 앞 문장과 연결되지 않을 때 더 힘이 실린다.

(1) "2+2는 5라고 하셨지요. 틀렸습니다. 아담 리제가 2+2는 4라고 입증했기 때문이지요."

(2) "2+2는 5라고 하셨지요. 틀렸습니다. 아담 리제가 2+2는 4라고 입증했습니다."

어느 쪽이 더 카리스마가 있는가? 개인적으로는 두 번째가 훨씬 마음에 든다. 교정의 문장은 내 판단의 근거를 제시하기 위한 목적이 아니다.

상황을 주도면밀하게 관찰하라

우리가 서로 관계를 맺을 때는 항상 정해진 틀 안에 있다. 사회학자들은 이 틀을 '상황'이라고 부른다. '상황'이란 그냥 '거기 있는' 것이 아니라 우리가 특정한 방식으로 행동함으로써 만들어지는 정해진 모델이다.

아주 단단한 틀을 예로 들어보자. 가게에 들어가서 물건을 산다. 이때에도 우리는 정해진 규칙을 지켜야 한다. 우리가 전형적인 말과 행동을 하면 다시 정해진 문장과 행동이 따라온다.

가게에 들어가서 당신의 차례가 될 때까지 기다렸다가 판매원에게 말을 건다. 어떻게 당신 차례가 되었는지 아느냐고? 판매원이 당신과 시선을 교환하면서 이렇게 묻는다.

"무엇을 도와드릴까요?" 혹은 "뭘 드릴까요?" 그러면 당신은 사고 싶은 물건을 말한다. 판매원은 그 물건을 봉지에 넣고 계산대에서 금액을 합산하여 그 금액을 알려준다. 당신은 돈을 지불하고 물건을 건네받는다. 그리고 작별 인사를 하고 가게를 나온다.

만약 그 규칙에서 크게 벗어난다면 혼란이 야기될 것이다. 차례가 되기도 전에 판매원에게 달려들어 말을 걸거나 "무엇을 드릴까요?"라는 판매원의 질문에 다짜고짜 정부의 욕을 하기 시작한다면 어떻게 될까? 기존의 틀에서는 답을 구할 수 없으므로 판매원은 새로운 해석의 틀을 가동시킬 것이다.

"우리 가게에 미친놈이 왔구나!"

그리고 이제 이 새로운 틀에서 의미가 있는 새로운 행동을 하게 될 것이다.

상황을 함께 정의하라

여기서 말하고자 하는 요점은, 우리에게 '공동의 틀'이 필요하다는 것이다. 우리는 상대와 함께 이 틀을 결정한다. 특정 상황을 어떻게 정의할지 둘이 암묵적으로 동의를 한다. 대화를 나누어야 하는지, 물건을 사야 하는지, 화를 내야 하는지, 수다를 떨어야 하는지 같이 결정을 내리는 것이다. 하지만 그러자면 먼저 한 쪽이 어떤 상황을 '제안'해야 한다.

- 당신이 나를 특정 상황으로 끌어들일 수 있다. 내가 그에 반응하면 당신의 '제안'을 받아들이는 것이다. 우리는 함께 상황을 결정하였다.
- 나는 당신의 제안을 '거절'할 수도 있다. 내가 '반대 제안'을 할 수도 있고, 내가 수용할 수 있을 정도로 당신의 제안을 약간 변경시킬 수도 있다. 그에 당신이 응하면 상황은 내가 생각하는 쪽으로 결정 난다.
- 공동의 상황에 합의할 수 없으면 소통은 불가능해진다. 우리의 말과 행동은 서로에게 아무런 의미가 없다.

여기서는 두 가지가 중요하다. 첫째, 우리는 상황에 대해 합의하여 벗어날 수 있고, 상황을 새롭게 조정할 수 있다. 하지만 그 경우에도 새로운 틀로 들어서야 한다. 둘째, 우리는 하나의 상황을 종결짓고 다른 상황을 '제안'할 수 있다. 이때에는 정해진 모델, 확정된 틀이 매우 유용한 역할을 한다. 우리 머릿속엔 수천 개의 그런 틀이 저장되어 있기 때문에 필요할 때마다 자동적으로 불러내면 된다. 덕분에 우리는 어떤 상황이 발생했을 때 그것이 무엇인지 즉각 알아차릴 수 있는 것이다.

상황을 성찰하라

카리스마를 발산하려면 어떤 상황이든 아무 생각 없이 따라갈 것이 아니라 무슨 일이 벌어지고 있는지 항상 관찰하고 살펴야 한다. 하지만 그게 말처럼 쉬운 것이 아니다. 앞에서도 말했듯 상황마다 '자체 동력'이 있어 빠져나오기가 쉽지 않다. 그래서 정신을 차려보면 '원래' 의도했던 것과 전혀 다른 행동을 했다는 사실에 당황할 때가 적지 않다.

심리학에선 상황이 우리의 행동에 얼마나 큰 영향을 미치는지를 다루는 연구가 따로 있다. 이를 두고 '상황주의'라고 부른다. '스탠퍼드 감옥 실험'으로 유명한 스탠퍼드 대학 심리학과 교수 필립 잠바르도가 이 연구의 대표격이다. 그는 이 실험에서 피실험인들을 무작위로 간수와 죄수로 나누었다. 그랬더니 개인의 성향과 관계없이 간수들은 사디스트적인 성향을 보였고, 죄수들은 처음에는 저항하다가 나중에는 체념하고 간수들의 말을 들었다. 감옥이라는 특수 상황이 그들의 행동에 결정적인 영향을 미친 것이다.

카리스마의 전제조건은 한 걸음 옆으로 물러나 상황을 당당하게 활용하는 것이다. 그러자면 우리가 어떤 상황에 처했는지부터 명확히 알아야 한다. 물론 하루 종일 그 생각에 촉각을 곤두세우고 있을 수는 없다. 그랬다가는 아무 일도 못할 테니 말이다. 하지만 일종의 경보장치가 있어 우리에게 경고를 할 수 있다.

'조심해. 뭔가 잘못되고 있어!'

이런 상황에선 이렇게 말해야 한다.

"대체 여기서 무슨 일이 벌어지고 있는 거지?"
"잠깐, 내가 착각했어."
"뭔가 이게 아닌 것 같아."

상대가 나쁜 행동을 했거나 당신을 압박하는 경우는 물론이고, 적절하지 못한 칭찬과 찬사도 경고의 대상이 된다.

"저는 아첨을 좋아하지 않습니다"

저널리스트 귄터 가우스는 수많은 정치가들을 인터뷰한 것으로 유명하다. 특히 적절한 질문과 인터뷰를 리드하는 능력으로 여러 곳에서 인정받았다. 그는 정치가의 대답을(긍정적이든 부정적이든) 과감하게 평가하는 것으로도 유명하다.
한번은 그가 정치인 쿠르트 비덴코프와 인터뷰를 하였다. 인터뷰 도중 비덴코프가 가우스의 인터뷰 실력에 감동받아 칭찬을 했다. 그러자 가우스는 전혀 좋아하는 기색 없이 아주 건조한 대답을 내놓았다.
"비덴코프 씨, 저는 아첨을 좋아하지 않습니다."

소용돌이에서 빠져나와라

사람들은 상황의 자체 동력을 과소평가하기 쉽다. 우리가 마음먹은 대로 상황을 조종할 수 있다고 호기 있게 생각하는 것이다. 사실 원칙적으로 보면 그 말이 맞다. 말 한마디면 상황이 완전히 달라질 수도 있다. 그런데 문제는 그런 멋진 아이디어가 상황이 종료된 이후에 떠오른다는 데 있다.

상황의 소용돌이를 벗어나는 첫걸음은 의외로 상황이 우리에게 행사하는 강력한 영향력을 인정하는 것이다. 이를 통해 상황에 집중하게 되고 의도적으로 상황에 맞서게 된다. 한 가지 유의할 점은 우리 마음대로 이 상황에서 나와 저 상황으로 들어갈 수 있는 것이 아니라는 사실이다. 우리는 우리에게 쏟아지는 기대의 그물망에 얽혀 있다. 그 기대에 부응하지 않으면 주변 사람들과 관계를 맺을 수 없다. 당연히 카리스마를 발산할 수도 없다. 앞에서처럼 가게에 물건을 사러 가서 정부 욕을 하는 것은 카리스마 있는 행동이 아니다. 반면 그런 손님의 말을 듣고 순식간에 틀을 바꾸어 이 사람이 정신병자인지 아니면 유머를 구사하고 있는 것인지 파악하려 노력하는 판매원은 카리스마가 있다고 말할 수 있을 것이다.

상대의 의지를 꺾어라

지금까지의 상황으로 본다면 우리는 항상 소용돌이에 말려있다. 더 정확하게 말해 다양한 해류가 흐르는 바다에 빠져있다. 이 중에서 몇 가지 해류는 우리가 불러일으킨 것이다. 다른 사람들을 그 해류로 끌어들여 우리가 원하는 곳으로 간다. 거꾸로 나의 의지와 관계없이 흘러가는 물결이 있을 것이다. 다른 사람들이 자신의 목적을 위해 불러일으킨 그 물결에 우리가 휩쓸려가는 것이다.

이런 물결을 일으키는 방법 중에서 가장 애용되는 것이 앞에서 설명한 유도 질문이다. 그리고 그 질문에 대처하는 방법도 앞에서 이미 배웠다. 그럴 때는 어느 방향으로 흘러가는 물결인지 명확히 인식하고 있으면 된다.

상대의 유도 질문에 넘어가지 않는 당신은 카리스마를 발산한다. 상대에게 동의를 하더라도 내가 너의 속셈을 다 알고 있다는 점을 상대가 알게 해야 한다.

'그거 유도 질문이지? 다 알아. 그래도 일단은 동의해 주지.'

또 하나, 훨씬 더 저항이 적은 방법이 있다. 바로 '칭찬'이다. 앞의 예에서 귄터 가우스의 대답은 상당히 무례하게 느껴진다. 상대가 비판을 한 것이 아니라 칭찬을 했는데도 그런 식으로 반응했으니 말이다. 그런 경우는 일반적이진 않다.

칭찬을 받으면 이로 인해 원치 않던 역할을 떠맡게 된다. 원래는 객관적이고 비판적이고 공정하려고 했는데 상대가 칭찬을 늘어놓는 바람에 그만 마음이 약해지는 것이다.

칭찬은 고래를 춤추게 한다는 말도 있지 않은가. 다음 기회에 상대와 의견 차이가 나거든 살짝 칭찬을 섞어보라. 물론 너무 말도 안 되는 비현실적인 칭찬은 안 된다. 그러면 아첨한다는 인상을 줄 수 있다. 칭찬을 받은 상대는 더 이상 심하게 당신을 공격하지 못할 것이다.

네가 한 그대로 나도 한다

'호혜의 원칙', 즉 상호성의 원칙은 특히 큰 힘을 발휘한다. 누군가 나에게 한 대로 나도 그에게 한다. 아니 그러고 싶지 않더라도 그래야만 한다. 이 효과를 연구한 미국 사회심리학자 로버트 치알디니는 하레 크리슈나단(힌두교의 한 종파) 청년들이 기부금을 모으는 방법을 예로 들었다. 그들은 상대에게 장미 한 송이를 선물한 후 정중하게 기부를 청한다. 그러면 그들에게 거부감을 갖고 있던 사람들조차 그 장미꽃보다 훨씬 많은 돈을 건네주었다.

사람들은 기부를 거절하기보다는 크리슈나단 청년들을 피하려고 한다. 그만큼 그런 상황이 행사하는 압박감이 심하다는 뜻이다. 왜 그럴까? 두 개의 틀이 그런 효과를 낳는다.

첫째는 '선물의 틀'이다. 누군가 우리에게 선물을 주면 우리는 그것을 거절할 수가 없다. 안 그러면 상대는 크게 마음을 다칠 것이다.

둘째는 '상호성의 틀'이다. 카리스마를 발산하려면 이런 압박을 떨쳐버려야 한다. 그러자면 우선 그 상황에서 빠져나와 무슨 일이 일어나고 있는지를 파악해야 한다. 그래야 그 상황에 대해 이야기할 수 있다. 크리슈나단이 장미를 내밀어도 그것이 선물이 아니라 기부를 유도하려는 미끼이므로 장미를 거부할 수 있다.

"고맙지만 장미를 받지 않겠어요. 이건 돈을 모으려는 미끼에 불과하니까요."

나아가 상황을 새롭게 정의해야 한다.

'상대가 나를 꾀로 속이려고 하는구나. 그의 손아귀를 벗어나야 해.'

굳이 상대를 악한이나 사기꾼으로 몰아붙일 필요는 없다. 상황을 새롭게 정의 내리는 것만으로 충분하다. 당신이 그 청년에게서 '장미를 돈 주고 산다'고 주장한다면 상황의 자체 동력이 무너지게 될 것이니까 말이다. 물론 그 청년은 절대 판매가 아니라 선물이라고 우길 것이다. 그렇다면 소통은 불가능하다. 그러므로 이제 상황을 종결지을 수 있다.

불쾌한 상황에 처했을 땐 얼른 그 상황에서 빠져나와야 한다. 가능하다면 당신 생각대로 상황을 새롭게 정의하라. 상대가 원래의 정의를 고집한다면 소통이 불가능하다. 대화를 중단하라.

모욕과 도발의 늪에 빠지지 마라

앞의 유도 질문이나 칭찬보다 더 교묘하게 우리의 카리스마를 앗아가는 방법이 있다. 바로 '모욕과 도발'이다. 그렇지만 분노는 카리스마와 사이가 좋지 못하다. 카리스마는 여유와 침착한 태도에서 나오기 때문이다. 이런 점을 노리고 상대가 당신을 자극한다. 그 꾀에 넘어가 자제력을 잃는다면 당신의 카리스마는 한순간에 잿더미가 되고 말 것이다.

특히 사람들이 많은 자리에서 자제력을 잃는다면 당신의 논리 자체가 와르르 무너진다. 왜 철학자 쇼펜하우어가 '논쟁적 토론술'에서 '상대의 분노를 자극하라'는 충고를 했겠는가? 화가 나면 제대로 판단할 능력이 상실된다. 따라서 많은 사람들이 바로 그런 점을 노린다. 모욕적인 언사를 날리고 화를 부추긴다. 그런 모욕에 어떻게 대처해야 하는가? 못 들은 척하면 나의 허약함을 드러내는 것 같고, 그렇다고 벌컥 화를 낼 수도 없다.

이때에도 그 상황에서 벗어나야 한다. 상황을 내 나름대로 해석하고 새롭게 정의하는 것이다. 대부분은 상대가 나를 자극하기 이전의 상태로 상황을 되돌리는 것이 좋다.

"우리 문제와 무슨 상관인가요?"

공개토론 자리에서 모니카 클링거가 마르쿠스 트렌클레의 논리를 반박했다. 할 말이 없어진 마르쿠스가 갑자기 옛날 일을 들먹인다.

"클링거 씨, 회사에 그런 손실을 입힌 사람이 무슨 할 말이 그렇게 많습니까." 비난에 화가 머리끝까지 났지만, 모니카는 마음을 가라앉히고 이렇게 대답한다.

"할 말이 없으시니까 말꼬리를 돌리시는군요. 그 일이 지금 우리 문제와 무슨 상관이 있습니까? 다시 논의하던 주제로 돌아가지요."

독창적인 멘트를 부각시켜라

평범한 상황에서 날린 깜짝 놀랄만한 독창적인 멘트도 카리스마를 발산할 수 있다. 남들과 다른 나만의 언어, 그 차이가 카리스마를 창조한다.

"나쁜 기업은 없습니다"

니콜라우스 하이에크는 '스와치'로 쓰러져 가던 스위스 시계 산업을 일으킨 전설의 기업가이다. 그는 친환경적 소형차를 만들겠다는 아이디어로 '스마트' 카를 개발했다. 한 인터뷰에서 그는 '좋은 기업이 무엇이냐'는 질문을 받았다. 우리가 흔히 알고 있는

> 바람직한 기업의 특성을 열거하거나 자화자찬을 늘어놓는 대신 그는 이렇게 대답했다.
> "나쁜 기업이란 없습니다."

이런 식의 멘트가 카리스마를 풍기는 것은 내용 때문이 아니라 사람들의 기대를 거스르기 때문이다. 하이에크는 질문에 향해 있던 우리의 관심을 '좋은 기업가에 대한 그의 개인적인 판단'으로 돌려놓으면서 평소 하고 싶었던 이야기를 전달한다. 근본적으로 모든 기업은 긍정적인 것으로 보아야 한다, 기업의 품질은 바로 기업의 다양성에 있다는 말을 아주 독창적인 방법으로 전달한 것이다.

재담꾼들의 특징

재치 있고 위트가 넘치며 기지가 번쩍이는 말을 던지는 사람을 보면 멋있다는 생각을 하게 된다. 그런 사람의 말이 잘 먹히는 건 당연한 결과다. 왠지 카리스마가 뿜어 나오는 것 같다.

독일의 전 재무장관 페르 슈타인브뤼크는 2009년 연방 선거를 앞두고 이런 말을 했다.

"투표장에 안 갈 만큼 똑똑한 사람들은 나중에 자기들보다 훨씬 멍청한 인간들에게 지배를 당할 것이다."

우리가 그런 표현에서 기쁨을 느끼는 것은 말의 내용 때문이 아니라 형식 때문이다. "멍청하다"는 표현이 힘을 발휘하는 것은 앞의 "똑똑하다"는 표현 때문이다. 형식적으로 맞아떨어지기 때문에 우리는 그 말을 모욕적인 언사로 평가하지 않는다. 심지어 "멍청하다"고 칭해진 당사자들도 모욕이라고 느끼지 않는다.

참을 수 없는 재담의 가벼움

재담은 심각한 문제(낮은 투표율)를 다루어도 심각하게 느껴지지 않는다. 그래서 히죽히죽 웃으며 넘어갈 수 있다. 그것이 재담이 핵심 메시지와 다른 점이다.

재담은 듣는 사람을 즐겁게 만들면서 동시에 말을 하는 사람이 유머 감각이 있고 여유가 있다는 사실을 드러낸다. 바로 그렇기 때문에 카리스마에 도움이 된다. 카리스마는 침착과 여유의 산물이기 때문이다.

하지만 주의해야 한다. 상황이 좋지 않은 문제일 때 재담은 금물이다. 재담의 가벼움은 거꾸로 위험성을 안고 있다. '저렇게 가볍게 말하는 것을 보니 심각한 문제가 아니구나'라고 상대가 넘어가 버릴 수 있는 것이다. 그러니 주제가 상당히 심각할 때는 재담은 피하는 것이 좋다.

재담은 직접 만들어야 의미 있다

짜임새가 너무 완벽한 재담은 거북스럽다. 가장 큰 효과를 발휘하려면 방금 생각난 듯한 인상을 풍겨야 한다. 물론 그러려면 미리 창고에 엄청난 종류의 재담을 저장해두고 미리 연습해야 한다. 그래야 적재적소에 정확하게 써먹을 수 있다. 하지만 현장에서는 방금 생각난 듯 자연스러워야 한다.

누가 제일 먼저 썼는지는 몰라도 떠돌아다니는 재담들이 꽤 많다.

"지렁이는 어부가 아니라 물고기 입맛에 맞아야 한다."

이런 종류의 명언들이다. 이런 건 먼저 쓰는 사람이 임자다.

그렇지만 떠돌아다니다 보니 상대도 이미 알고 있는 경우가 있을 수 있다. 그럴 경우 당연히 상대는 당신을 재치 있다고 생각하지 않을 것이다. 그러니 아무래도 직접 만든 재담이 더 유리하다. 사실 떠돌아다니는 재담을 자세히 살펴보면 그렇게 대단한 언어 수준을 요구하는 것도 아니다.

패러독스를 적절히 사용하라

성공적인 재담의 대부분은 '패러독스'를 사용한다. 앞의 말을 반박하는 듯하지만, 나중에 보면 전혀 다른 의미를 띠는 문장이 된다. 작가 알프레드 리히텐슈타인은 말했다.

"반듯하게 살려면 악한이 되어야 한다."

전 니더작센 주의 여성 재무장관이던 브리기 브로이엘은 자신이 "내각의 유일한 남성이다"라고 말했다. 물론 그녀는 유일한 여성이다. 그녀의 말은 남자들이 우글거리는 내각에서 홍일점이던 그녀의 힘든 상황은 물론이고, 남성 못지않은 그녀의 투지와 의지를 동시에 뽐낼 수 있는 재치 있는 응답이었다.

그밖에도 멋진 재담을 엮을 수 있는 다양한 재료들을 소개해 보면 다음과 같다.

- **후렴구, 이중의미 등의 각종 말장난.**
- **독창적인 비교:** 서로 전혀 연관이 없는 두 가지를 독창적으로 비교한다.
- **대립:** 상반되는 두 개념을 대비한다.

이 재료들을 실제로 어떻게 사용했는지, 철의 여인 마가렛 대처의 두 명언으로 알아보자.

첫 번째 사례는 독창적 비교이다. 어울릴 것 같지 않은 여성과 권력을 하나로 묶었다. 당연히 토니 블레어라면 쓸 수 없을 명언이다.

"권력이 있다는 것과 여성이라는 것은 같은 뜻이다."

두 번째는 대립의 방법이다.

"정치에서 무슨 말이 하고 싶을 땐 남성을 찾아가라. 그러나 무슨 일이 하고 싶을 땐 여성을 찾아라."

번역가 기술을 적용하라

당신은 지금 매우 불쾌한 상황에 처해 있다. 상대가 불쾌한 발언으로 당신의 카리스마를 위협한다. 당신을 무시하는 발언을 했거나 은근히 당신을 공격한다. 어쩌면 이판사판이라는 생각일지도 모르고, 아무 생각이 없어서 그럴 수도 있고, 너무 화가 나서 그럴 수도 있다.

그런 상황에 처하면 대부분은 어찌할 바를 모른다. 너무 갑작스러운 상황에 압도당하기 때문이다. 상대의 말이 파도처럼 우리를 덮친다. 바로 이럴 때 번역가 기술을 이용하여 그 상황에서 빠져나올 수 있다.

자신을 사라지게 만드는 번역의 기술

처음엔 번잡스럽게 느껴질 수도 있다. 상대의 악의적 공격을 다른 언어로 번역하거나 상대의 분노를 객관적으로 번역해야 하기 때문이다. 하지만 상대에게 방금 그가 말한 내용을 다른 언어로 전달하기 때문에 예상외로 큰 효과를 거둘 수 있는 방법이다.

상대의 발언에서 어떤 점이 중요한지 당신이 선택할 수 있다. 상대의 말을 이런저런 방향으로 돌릴 수 있고, 상대의 말에서 독을 빼낼 수도, 첨가할 수도 있다. 상대의 악의를 사라지게 할 수도, 확연히 드러나게 할 수도 있다.

대부분 상대의 공격을 받으면 그 공격에 직접적으로 반응한다. 방금 상대가 말한 내용을 꼬집으며 그에 대해 입장을 취한다. 원칙적으로 그것이 당연하다. 다만 카리스마가 위협을 당할 때는 그렇게 반응해서는 안 된다. 상황이 소용돌이를 일으켜 자칫 빠져나오지 못하고 휘말려 들 수 있기 때문이다. 그런 상황에 대처하는 방법은 이미 앞에서 배운 바 있다. 그 상황에 의문을 제기하고 새롭게 정의를 내리는 것이다. 또 '확실한 문장'과 '반대 진술'의 방법도 배운 바 있다.

이제 세 번째 방법으로 '번역자 기술'을 소개한다. 번역자처럼 무대에서 나의 존재를 감추는 것이다. 상대의 발언에 대답하지 않고 변명하지도 않는다. 그저 상대의 말을 자신의 말로 되풀이한다.

고객이 화가 나서 항의를 한다.

"무슨 이런 고철 덩어리를 돈 받고 팔아?"

서비스센터의 미스 길베르트가 숨을 들이쉬더니 조용히 말한다.

"이 고철 덩어리가 고객님 기대에 부응하지 못했다는 말씀이시군요."

공격을 객관적으로 해석하라

상대의 모욕이나 악의적인 발언에는 전혀 응대하지 않는다. 상대가 당신의 발언에 반응을 보이게 되면 당신의 '번역'을 인정한 것이므로 객관적 차원에서 대화를 속개할 수 있다. 앞의 사례라면 고객은 이렇게 반응할 것이다.

"당연히 부응하지 못했죠. 인터넷 접속이 안 돼요. 그것 때문에 이 제품을 샀는데, 그래서 몇 번을 물어봤는데 된다고 했다고요."

그러면 당신은 이렇게 대답할 수 있다.

"인터넷 접속이 되는 제품이면 불만이 없으시다는 말씀이시군요."

설사 상대가 객관적인 길로 접어들지 않는다고 해도 당신은 카리스마 있는 모습을 보일 수 있다. 상대는 감정에 휘둘리는데 당신은 객관적으로 반응하니까 말이다.

특히 상대가 윗사람이거나 고객처럼 함부로 할 수 없는 사람인 경우 이 방법이 유익하다. 또 아랫사람이 화를 돋울 때도 상황을 부풀리지 않고 객관적 차원에서 카리스마 있게 대화할 수 있도록 도와준다.

이해 가능한 번역을 하라

이때 전제는 당신의 '번역'을 누구나 납득할 수 있어야 한다는 것이다. 지나치게 미화하거나 부풀리면 오히려 반감만 산다.

한 번 더 우리의 화가 난 고객님을 살펴보자.

"무슨 이런 고철 덩어리를 돈 받고 팔아?"

미스 길베르트가 말한다.

"우리 회사의 고성능 제품이 고객님을 백퍼센트 만족시켜드리지 못했습니까?"

상대가 당신의 번역을 받아들이지 못하는 경우도 있을 수 있다. 너무 놀라지 마라. 다시 한번 상대에게 상황을 올바르게 이해하도록 요구하고 또 한 번의 번역을 시도한다.

상대가 화를 내도 냉정함을 잃지 마라

화가 나면 제정신이 아니다. 그러니까 화를 내고 있는 사람에게는 진정할 시간을 주어야 한다. 일단은 아무 말도 하지 않고 가만히 기다리는 것이 좋다. 상대가 약간 진정되거든 그때 '번역'을 통해 입장을 정리해야 한다. 절대로 상대의 모욕적인 말을 주제로 토론을 벌여서는 안 된다. 상대에게 그 말을 취소하라는 요구는 상황을 악화시킬 뿐이다.

상대가 당신의 인격을 모독했을 경우에는 한 가지 방법뿐이다. 대화를 중단한다.

"이런 식으로는 더 이상 대화를 할 수 없습니다."

번역의 5가지 방향

번역자 기술은 상대의 마음을 달랠 뿐 아니라 교묘하게 상대를 당신의 뜻대로 인도할 수 있다. 어쨌든 상대의 말을 어떻게 '번역'하는가는 당신에게 달려 있다.

커뮤니케이션 전문가 크리스토프와 마티아스 담스가 개발한 모델을 이용하면 번역에는 5가지 방향이 있다.

- 나의 시점: **상대의 입장을 정리한다.**
  "부당한 대우를 받으셨다고 생각하시는군요."
  관심을 상대와 상대의 상황으로 돌리기 때문에 당신은 공격선상에서 벗어날 수 있다.

- 너의 시점: **상대가 당신에게 한 말의 내용을 정리한다.**
  "제가 당신을 지금보다 더 높이 평가해야 한다고 생각하시는군요."
  상대가 당신에게 기대하는 점을 빨리 짚어낸다는 장점이 있다. 공격의 수위를 낮출 수 있고, 그것에 대해 입장을 표명할 수 있다.

- 우리의 시점: **나와 상대를 우리로 묶는다.**
  "우리가 서로 소통이 잘 안 된다고 생각하시는군요."
  개인적인 관계에 문제가 생겼다고 느낄 경우 가장 효과가 큰 방법이다.

- 정보의 시점: **사실을 밝힌다.**
  "기계가 고장이 났다는 말씀이시군요."
  감정을 배제하고 구체적으로 무슨 일이 일어났는지 소통한다.

• 호소의 시점: **상대의 말을 호소로 해석한다.**

"그러니까 지금 맡은 업무가 너무 간단하다는 말이군요."

기초를 세웠다면 입장을 취하라

공동의 기반이 마련되면 이제 명확하게 입장을 취할 시간이다. 문제를 바라보는 나의 시각을 설명해야 한다는 소리다. 이때 나의 시각이 상대와 전혀 다를 수도 있다. 카리스마는 무조건 조화와 타협을 추구하지 않는다. 카리스마의 조건은 '명확성'과 '자기 확신'이다.

나의 입장을 전달하는 방법으로는 심리학자 코마스 고든이 개발한 '나－메시지'를 추천하고 싶다. 내가 상황을 어떻게 바라보는지를 설명하는 것이다.

"내가 보기에는…."

"나는 이렇게 생각하는데…."

"내가 기대하는 바는…."

"내가 못마땅한 점은…."

'나－메시지'는 카리스마를 발산할 뿐 아니라 '너－메시지'에 비해 상대를 수세로 몰아넣는다는 큰 장점이 있다. "당신은 지금보다 더 많은 일을 할 수 있습니다."는 직접적인 공격이다. 상대는 이에 즉각 항의를 할 것이다. 하지만 "제가 보기에 당신은 지금보다 훨씬 많은 일을 할 수 있습니다."라는 표현은 오히려 대화의 문을 열어줄 수 있다.

나의 느낌, 나의 인상에 대해 상대가 반박할 수는 없다. 상대는 나의 인상이 어디에 근거했는지 귀 기울여 듣고서 왜 자기가 보기에는 충분히 많은 일을 했는지 나에게 설명할 것이다.

숨은 공격을 무마시켜라

번역가 기술은 상대의 숨은 공격에 대처할 때도 유용하다. 보통 어딘가 미심쩍은 공격을 들으면 무슨 대답을 할지 몰라 씁쓸한 미소로 얼버무리거나 속으로 화가 나지만 꾹 참는다. 상대가 뭔가 뻔뻔한 공격을 한 것 같은데 정말 그럴까? 확실하지 않기 때문에 대응하기가 마땅찮다.

이런 은근한 공격을 번역가 기술을 이용하여 만천하에 공개할 수 있다. 다양한 해석이 가능한 상대의 표현에서 악의적인 면모를 부각시켜 상대의 정곡을 찌르는 것이다.

"지루하지는 않았어요"

"제 프레젠테이션 어땠어요?" 그라이너 씨가 묻는다.

"좋았어요. 지루하지는 않았어요." 페페르스 씨가 대답한다.

그라이너 씨가 다시 말한다.

> "아하, 그럼 그동안은 지루했다는 소리네. 졸리지 않으면 잘했다고 할 정도니. 내 말이 맞나요?"

이 방법이 잘 되면 분위기도 화기애애해지고 상대의 사과를 받아낼 수도 있다.

"아니, 그런 뜻이 아니었고요…."

상대는 이렇게 숙이고 들어올 것이다. 사실 요즘 사람들은 의도하지 않고도 주변 사람들의 마음을 상하게 만드는 재주들이 비상하다. 그들에게도 자신의 잘못을 지적해 줄 필요가 있다.

실제로 상대에게 악의가 있었다 해도 상황을 부풀리는 방법은 유익하다. 거기에 유머까지 곁들이면 금상첨화다. 이 경우에도 상대는 '오해'였다고 주장할 것이며 "절대 그런 뜻이 아니었다"고 우길 것이다. 그럼 당신은 이렇게 응대하면 된다.

"그럼 무슨 뜻이었는데요?"

마침표를 찍다

나중에 돌이켜보면 어떤 상황에 대한 우리의 판단은 그 상황이 어떻게 마무리되었는지에 따라 달라진다. 마지막을 좌지우지한 쪽이 – 그전에는 힘을 못 썼다고 해도 – 카리스마를 발산한다. 거꾸로 약한 결말은 씁쓸한 뒷맛을 남긴다.

"그 이야기는 이제 그만합시다"

미스 벵거가 미스터 라쉬만과 원치 않은 대화에 휘말려 들었다. 결국 그녀가 말한다.

"그러니까 한마디로 그쪽의 제안이 마음에 들지 않습니다."

라쉬만이 한마디 더 하려고 숨을 들이쉬는 사이 그녀가 못을 박는다.

"그 이야기는 그만합시다."

대화의 종지부를 찍어라

대화의 종지부를 찍는 쪽이 권력이 있는 쪽이다. 권력을 가진 사람은 대화를 이끌기도 하지만 대화를 마무리 지을 주도권조차도 상대에게 허용하지 않는다.

물론 대화가 이쯤이면 충분하다는 자신의 소리에만 귀를 기울여서는 안 된다. 넘치는 '관심'으로 상대의 입장이 되어야 하고, 상대의 신호를 올바로 해석해야 한다. 당신이 미리 눈치채고 대화를 먼저 끝내주면 수고를 던 상대도 고마움을 표할 것이다. 대화를 먼저 끝내는 쪽은 항상 무례하게 비칠 위험이 있기 때문이다. 상대에게 불쾌한 일을 덜어주었으니 상대가 고마워하는 것이 당연하지 않겠는가.

"이제 가보시죠"

매점에서 뵈티히 씨가 게르게스 씨와 대화를 나눈다. 게르게스 씨가 불안하게 시선을 움직이는 모습을 본 뵈티히 씨가 말한다.

"오랜만에 만나 수다를 떠니 반가웠습니다. 저쪽에서 동료분들이 아까부터 기다리시는 것 같은데 가보셔야지요."

대화가 충분하다고 생각되면 지금껏 대화한 내용을 요약 정리한다. 한 문장이면 가장 좋다.

이 문장의 내용은 대화의 주제 및 당신의 역할에 따라 달라지겠지만, 어쨌든 잊지 말아야 할 점은 당신이 뚜껑을 덮어야 한다는 것이다. 보통은 보다 일반적인 차원으로 돌아가거나 평가를 내리는 방법을 사용한다. 예를 들어보자.

"프리케 씨. 이 지점에서는 저희가 아무리 이야기를 해도 도저히 합의에 도달할 수가 없겠습니다."

(프리케 씨에게 보내는 신호: "당신 논리는 이미 다 간파했어. 더 이상 듣고 싶지 않아.")

"오늘 정말 흰개미에 대해 많은 것을 배웠습니다."

(흰개미 전문가에게 보내는 신호: "그 정도면 평생 배울 거 다 배웠어.")

"그러니까 중요한 지점은 합의가 끝났습니다."

(협상 파트너에게 보내는 신호: "이제부터 당신이 할 말은 중요하지 않아.")

"네. 매력적인 주제군요…."

(당신의 신호: "이쯤에서 끝내지.")

세계 공통의 작별 의식

모든 문화에는 인사와 작별 의식이 있기 마련이다. 그 의식을 지켜야 관계에 금이 가지 않는다. 물론 대화를 갑자기 끝낼 수도 있지만, 그러려면 적절한 이유가 있어야 하고 미리 상대에게 양해를 구해야 한다.

보통 작별 의식은 세 단계로 진행된다. 준비, 작별 인사, 작별.

- 준비: 대화를 나누던 사람들이 서서히 대화를 끝내야 한다는 신호를 보낸다. 대부분은 몸짓을 통해 알 수 있다. 시계를 자꾸 보거나 자세를 고치거나 응답이 줄어든다.
- 작별 인사: 대화를 나누던 사람들이 대화가 끝났음을 표현한다. 장기간 만나온 사이라면 다음에 또 만날 약속을 한다.
- 작별: 대화를 나누던 사람들이 헤어진다. 서로 멀어졌다가 다시 한번 서로에게 다가가기도 한다. 이런 의식을 행동심리학자 피터 콜릿은 '요요 현상'이라고 부른다. 전 세계적으로 사용되는 의식이며 관계를 더 돈독하게 만드는 역할을 한다.

준비단계는 점검의 시간이다. 상대도 대화를 끝내고 싶어 하는지 살피는 시간이다. 따라서 새로운 주제로 다시 대화의 물꼬를 열어서는 안 된다. 상대가 당신의 신호를 무시하거든 조금 더 확실한 표현으로 작별의 의사를 전달한다.

"자, 이제 이 정도면 충분히 이야기를 한 것 같은데요."

"죄송하지만 급한 일이 있어서요. 다음번에 더 이야기하면 안 되겠습니까?"

Keep it in mind!

이 장에서 설명한 내용 중에서 꼭 명심해야 할
10가지 요점을 뽑아보았다.

- 주도권의 목적이 상대를 복종시키는 것이라면 카리스마에 필요한 것은 '독립성'과 '자립성'이다.
- 카리스마는 네 가지 능력을 기초로 한다. 자기 확신, 독립성, 현실적 자화상, 타인에 대한 관심이다.
- 카리스마는 확신을 내뿜는 확실한 문장에서 드러난다.
- 상대의 비판은 세 가지 단계로 대응한다. 일단 비판의 요점을 정리하고, 그것이 부적절하거나 편견에 사로잡힌 것임을 알린 다음, 마지막으로 자신의 견해를 밝힌다.
- 모든 상황에는 자체 동력이 있다. 카리스마는 이 자체 동력을 피하고, 가능하다면 그것에서 벗어나는 것이다.
- 상황은 행동하는 사람이 규정하는 것이다. 카리스마가 있으면 상황에서 벗어나 달리 정의할 수 있다.
- 번역자 기술은 불쾌한 상황에서 벗어나도록 도와준다. 상대의 불쾌한 말을 객관적인 언어로 '번역'한다.
- 번역자 기술은 상대의 숨은 의도를 부풀려 숨은 공격을 무력화시킨다.
- 재담은 유머 감각과 여유의 산물이다.
- 대화를 종결짓는 쪽이 카리스마를 가져간다. 대화가 충분히 진행되었다고 판단되면 종결의 문장으로 대화를 마무리 짓고 작별 의식에 따라 헤어진다.

이기는 언어

펴낸날 2024년 11월 20일 1판 1쇄

지은이 마티아스 뇔케
옮긴이 장혜경
펴낸이 김영선
편집주간 이교숙
교정·교열 정아영, 나지원, 이라야, 남은영
경영지원 최은정
디자인 검정글씨 민희라
마케팅 신용천

펴낸곳 더페이지
주소 경기도 고양시 덕양구 청초로 66 덕은리버워크지산 B동 2007호~2009호
전화 (02) 323-7234
팩스 (02) 323-0253
홈페이지 www.mfbook.co.kr
출판등록번호 제 2-2767호

값 17,800원
ISBN 979-11-94156-05-5(03190)

더페이지와 함께 새로운 문화를 선도할 참신한 원고를 기다립니다.
이메일 dhhard@naver.com (원고 및 기획서 투고)